Arriver à Venise

En avion

→Depuis l'aéorport Marco Polo
L'**aéroport Marco Polo** est situé à Tessera *(✆ 041 260 92 60* ou *www.veniceairport.it).* Achat des billets de bus ou de bateau dans le hall d'arrivée au comptoir **ACTV** *(✆ 041 24 24 - www.hellovenezia.com).*
Bus – Le **bus n° 5** va jusqu'à la gare routière de Piazzale Roma : durée 25mn - 5 € AS, 9 € AR (supplément de 3 € ou 6 € AR, si vous possédez une carte ACTV).
Taxi – Comptez environ 40 € pour rejoindre Piazzale Roma.
Bateau – Vedettes de la compagnie privée **Alilaguna** (guichet n° 71) : 3 lignes. La ligne « Blu » (bleu) *(1/h le matin et le soir, ttes les demi-heure l'après-midi)* fait des arrêts à Murano (30mn), Fondamenta Nove, Ospedale (soir uniquement), Bacini, Certosa (soir uniquement), Lido (1h), Arsenale, San Zaccaria, San Marco (1h30), Zitelle, Zattere, Giudecca et trouve son terminus à Stazione Marittima (1h50). L' « Arancio » (orange) *(ttes les 30mn, 60mn en soirée)* présente un agréable parcours, avec des arrêts à la Madonna dell'Orto (30mn), gare, San Stae, Rialto, Sant'Angelo (1h), Ca'Rezzonico, terminus à San Marco (1h30). La « Rossa » (rouge) fonctionne d'avril à octobre (ttes les heures) ; elle rallie Murano (25mn), Certosa (sur demande), l'île du Lido (50mn) jusqu'au casino (1h). 15 € AS, 27 € AR. L'achat des billets en ligne permet de b
(www
prop
entre l'aeroport et votre hôtel : 30 € AS, 54 € AR
Bateau taxi – Nettement plus onéreux. Comptez au minimum 108 €.

→Depuis l'aéroport de Trévise
L'aéroport Canova de **Trévise** est situé à 20 km à l'est de Venise. Une navette ATVO permet de gagner Piazzale Roma en 1h10. 7 € AS, 13 € AR (valide 7 j.). *Rens. : www.atvo.it.*

En train

Terminus à la gare **Santa Lucia** sur le Grand Canal, station du *vaporetto* Ferrovia. Achat des billets de *vaporetto* au guichet **ACTV** devant la gare. Les billets doivent impérativement être compostés avant de monter à bord.

VAPORETTO
Trajet simple 7 € (valide 60 mn)
Cartes ACTV, valables 12h (18 €), 72h (35 €) ou 7 j. (50 €).
Rolling Card, pour les 14-29 ans, valable 3 j. (18 €).
Transport gratuit pour enfants -4 ans.
Transports, p. 14
– L'achat des titres de transport en ligne *(www.veniceconnected.com)* permet de bénéficier de tarifs plus intéressants.

11 m de long, 1,42 m de large et 280 pièces de bois : c'est la gondole vénitienne !

S. Grandadam/age fot

Destination Venise

Préparez votre voyage

Formalités

Documents – Une carte d'identité suffit pour les résidents de la Communauté européenne et les Suisses. Pour les Canadiens, un passeport en cours de validité pour un séjour inférieur à trois mois.
Douanes – Pas de franchise douanière entre les pays de l'Union européenne. Infos Douane Servic – lun.-vend. 8h30-18h – ✆ 0 811 20 44 44 ou +33 1 72 40 78 50 depuis l'étranger - www.douane.gouv.fr.

Se rendre à Venise : avion

Compagnies classiques

Air France – ✆ 36 54 (0,34 €/mn, 6h30-22h, 7j/7) - www.airfrance.fr. 6 vols quotidiens depuis Paris Charles-de-Gaulle (certains en coopération avec Alitalia), 1 à 3 vols depuis Lyon Saint-Exupéry.
Brussels Air Lines – ✆ 0 892 64 00 30 (0,34 €/mn) - www.brusselsairlines.fr. 2 vols quotidien depuis Bruxelles National.
Sis – ✆ +41 848 700 700 - www.swiss.com. Vol depuis Genève avec escale à Zurich.

Low-cost

Ryanair – www.ryanair.com et www.aeroportbeauvais.com. Vols quotidiens à prix compétitifs depuis Bruxelles (Charleroi) et Paris (Beauvais).
Les avions atterrissent à l'aéroport de Trévise (Treviso Canova), à 18 km au nord de Mestre.
Easy Jet – www.easyjet.com. Vols au départ de Paris (aéroport Charles-de-Gaulle et Orly), Toulouse ou Lyon. Arrivée à l'aéroport Marco Polo de Venise.
Darwin Airlines – www.darwinairline.com. Départs de Nice et Genève.
XL Airways – www.xlairways.fr. Départs de Paris et villes de province.

Se rendre à Venise : train

Thello – ✆ 01 83 82 00 00 (10h-20h) - www.thello.com. Cette compagnie privée rallie Venise depuis Paris (Gare de Lyon) et Dijon à prix compétitifs, pourvu qu'on réserve à l'avance.
SNCF – ✆ 36 35 (0,34 €/mn) - www.voyages-sncf.com. 3 trains de jour quotidiens depuis Paris (avec au moins un changement).
Aucune liaison directe de **Belgique**, les trains passent par Paris www.b-rail.be.
De **Suisse**, trains aux départs de Zürich ou de Genève – ✆ 0900 300 300 (Rail Service, payant) - www.sbb.ch.

Argent

L'Italie ayant adopté l'**euro** en même temps que la France, la Belgique et le Luxembourg, les ressortissants de ces pays ne seront donc pas dépaysés.

Saisons et climat

Climat

Venise jouit d'un climat tempéré (mais **très humide**) que la présence de l'Adriatique contribue à adoucir.

L'**hiver** est généralement assez sec et brumeux, et parfois très froid (lorsque souffle la Bora).

L'**été** (et en particulier le mois d'août) est une saison creuse à Venise : il peut y régner une chaleur moite assez éprouvante, surtout lorsque le chaud sirocco souffle du Sud, et parfois entrecoupée d'orages qui peuvent être violents. Il arrive que la lagune soit nimbée d'un halo de brume qui lui confère une magie particulière.

Le **printemps** et l'**automne** sont les deux saisons les plus agréables, grâce à la douceur des températures et aux fréquentes journées ensoleillées… même s'il y pleut aussi beaucoup. Sachez également que le phénomène de l'*acqua alta*, cette marée qui envahit parfois les rues de la ville, se produit d'ordinaire entre septembre et avril

Pour en savoir plus, p. 106.

Quand y aller ?

Quelle que soit la saison, vous pouvez choisir vos dates de séjour en fonction des **événements** qui se déroulent dans la cité des Doges : outre le Carnaval (quinze jours en février), la célèbre Mostra attire les cinéphiles la première semaine de septembre, tandis que les amateurs d'art ne manqueraient sous aucun prétexte la Biennale d'art ou d'architecture en septembre-novembre…

Carnavals et autres fêtes, p. 119 et Agenda culturel, p. 17.

Pour en savoir plus

Offices de tourisme

Pour organiser votre voyage, adressez-vous en premier lieu à l'Office national italien de tourisme ou **ENIT** (*Ente Nazionale Italiano per il Turismo*) de votre pays de résidence :

Paris – 23 r. de la Paix (75002) - ✆ 01 42 66 03 96 - www.enit.it. Infos touristiques : 0039 039 039 039 ou depuis l'Italie (numéro gratuit, 9h-22h) – ✆ 800 000 039 - bureau : lun.-vend. 11h-16h45.

Bruxelles – 12 pl. de la Liberté (1050) - ✆ (00 32 2) 647 11 54 - fax (00 32 2) 640 56 03.

Zurich - Uraniastrasse 32 (8001) - ✆ (00 41) 43 466 40 40 - fax (00 41) 43 466 40 41.

Toronto - 110 Yonge Street - Suite 503 - M5C 1T4 Ontario - ✆ (00 1 416) 925 48 82 - fax (00 1 416) 925 47 99.

À Venise, trois offices de tourisme sont à la disposition des voyageurs : dans le hall d'arrivée de l'**aéroport Marco Polo**, sur le **Piazzale Roma** (garage ASM) et dans la salle des pas perdus de la **gare Santa Lucia** (8h-18h30).

En ville, vous pouvez vous rendre au **Venice Pavilion** (au bout des Jardins autrefois royaux - Giardini ex-Reali - tlj 10h-18h) où vous pourrez vous procurer en outre des livres en français (romans ou documents) traitant de la ville.

Autre adresse, l'**APT Venezia San Marco** (Piazza S. Marco 71 Ascensione - face au musée Correr - tlj 9h-15h30). Vous y trouverez une multitude d'informations et pourrez y acheter les différents forfaits transports ainsi que la VENICEcard.

Renseignements : **Ambito turistico di Venezia** - Palazzetto Carmagnani, San Marco 2637 - ✆ 041 529 87 11 - info@turismovenezia.it.

Sites internet généralistes

www.enit.it – le site de l'Office national italien de tourisme : hébergement, manifestations, musées.

www.touristie.com – infos pratiques pour organiser votre voyage de A à Z.

Sites généralistes vénitiens

Le site de l'APT (office du tourisme de la province de Venise), **www.turismovenezia.it** donne quelques bons tuyaux et renseignements pratiques.

Il en est de même du site de la mairie, **www.comune.venezia.it**, vous y découvrirez notamment des infos sur les projets en cours et une page réservée aux handicapés.

Pour réserver en ligne votre visite à Venise, consultez **www.veniceconnected.com**.

Vous pourrez également consulter **www.hellovenezia.com**, mis en ligne par Vela, organisme dépendant de la compagnie vénitienne des transports urbains, l'ACTV, qui vous donnera des informations de toute nature.

Vous y trouverez aussi des renseignements complets sur les avantages et réductions possibles avec les diverses formules de la VENICEcard.

Sites et blogs, p. 12-13.

Visites

Le site **www.visitmuve.it** donne une foule d'informations sur les musées municipaux (musées de la place Saint-Marc, Ca' Rezzonico, palazzo Mocenigo, casa di Goldoni, Ca' Pesaro, Museo Fortuny, musée d'Histoire naturelle, Tour de l'horloge, musées de la Dentelle à Burano et du Verre à Murano).

Pour tous les musées municipaux, réservation de billet possible on-line ou par téléphone au **041 42 73 08 92** (réservé à ceux qui appellent en dehors d'Italie) ou au **848 08 20 00** (centre d'appel).

Le site **www.chorusvenezia.org**, est consacré aux 16 églises de la ville relevant de cet organisme.

Destination Venise, p. 16.

Votre séjour de A à Z

Ambassades et consulats

Consulats

Belgique – Fondamenta Foscarini, Dorsoduro 3464 - ✆ 041 52 42 944.
Canada – Riviera Ruzzante 25, Padoue - ✆ 049 87 64 833.
France – Agence consulaire, Palazzo Morosini, Ramo del Pestrin (près du Campo Santa Maria Formosa) - Castello 6140 - ✆ 041 522 4319.
Le consulat se trouve à **Milan**, Via Cesare Mangili 1 - ✆ 02 65 59 141 - www.ambafrance-it.org.
Luxembourg – Ponte de l'Anzolo, Castello 5312 - ✆ 041 52 22 047.
Suisse – Consolato Onorario : Campo Sant'Agnese, au coin du Rio Terrà Antonio Foscarini - Dorsoduro 810 - ✆ 041 522 5996.
Le consulat général se trouve à **Milan**, Via Palestro 2, Milan - ✆ 02 77 79 161.

Ambassades

Elles sont bien entendu toutes situées à **Rome** :
Belgique – Via dei Monti Parioli 49 - ✆ 06 36 09 511.
Canada – Via Zara 30 - ✆ 06 85 444 29 11.
France – Palazzo Farnese - Piazza Farnese 67 - ✆ 06 68 60 11.
Luxembourg – Via di S. Croce in Gerusalemme 90 - ✆ 06 77 20 11 77.
Suisse – Via Barnaba Oriani 61 - ✆ 06 80 95 71.

Électricité

Le voltage est le même qu'en France (220 V), mais l'écartement des prises varie quelque peu par rapport aux normes françaises : si votre chambre d'hôtel ou votre appartement n'en est pas déjà équipé, vous trouverez des adaptateurs dans la plupart des magasins d'électricité.

Horaires

Magasins – En général, les magasins ouvrent de 9h à 12h et de 15h30 à 19h30, et certains ferment le samedi apr.-midi. Mais les Vénitiens ayant un sens inné du commerce, nombre de boutiques

PAS DE PANIQUE !
Appel d'urgence européen : ✆ 112
Urgences médicales : ✆ 118
Police : ✆ 113
Pompier : ✆ 115
Pharmacies de garde : ✆ 210
SOS médecin : ✆ 041 531 44 81
Objets trouvés : ✆ 041 78 55 31
La municipalité met en ligne tous les mois une liste des objets trouvés : www.comune.venezia.it.
Perte cartes bancaires :
Amex : ✆ 01 47 77 72 00
Visa Internationale : ✆ 800 **819** 014
Master Card : ✆ 800 870 866

susceptibles d'intéresser les visiteurs sont ouvertes 7j/7.

Banques – Elles sont généralement ouvertes de 8h30 à 13h30 et de 15h à 16h, et fermées les samedis, dimanches et jours fériés.

Pharmacies – Elles sont signalées par une croix lumineuse et sont ordinairement ouvertes de 9h30 à 13h30 et de 14h30 à 19h30 du lundi au samedi (quelques-unes ferment le samedi). Les jours de fermeture, vous trouverez affichés les noms des pharmacies de garde. *Rens. sur www.farmacistivenezia.it.*

Quelques **officines** pratiques d'accès : Farmacia italo-anglaise – Calle Cortesia (Campo S. Luca) - S. Marco 3717, ✆ 041 522 4837.

Alla Fede di San Trovàso – Dorsoduro 993 - ✆ 041 522 0840.

Santa Lucia – À la gare - Cannaregio 122 - ✆ 041 716 332.

Postes – *p. 10.*

Internet

Les cafés internet sont nombreux mais également très mouvants. Le prix moyen est de 6/7 € (1h). Quelques-uns offrent des tarifs plus économiques, surtout pour les étudiants. Quelques établissements commerciaux proposent la connexion internet gratuite pour leurs clients. La commune de Venise met à disposition la connexion wifi (pour le moment, autour de Piazza San Marco, le long du Grand Canal, des Zattere et dans quelques zones : plan des points d'accès sur www. cittadinanzadigitale.it). Il faut réserver ce service au moins 4 jours à l'avance sur : www. veniceconnected.com - 8 € pour un accès au wifi pendant 24h, 20 € pendant 72h.

Quelques adresses de cafés Internet :

Tabaccheria 42 – Castello 2843, Calle Longa S. ta Maria Formosa.

Play the game – Castello 6187, Calle Longa S. ta Maria Formosa.

Venetian Navigator I – Castello 5300, Calle Casselleria.

E copie da Toni – Castello 5268, Calle delle Bande.

Internet Point World-House – Castello 4502, San Filippo e Giacomo.

Net House Internet Point &j Modern Bar – San Marco 2967, Calle de la Boteghe.

Venetian Navigator – San Marco 5239, Calle degli Stagneri.

Teleradio Fuga – Dorsoduro 3812/A, Crosera San Pantalon.

Centro Copie Ca' Foscari - Internet Point – Dorsoduro 3253, devant l'Université de Ca' Foscari.

Cartoleria S. Trovaso - Internet Point – Dorsoduro 1076, Fondamenta delle Meravegie.

Teminal Fusina, Venezia - Internet Point – Dorsoduro 909/c, Rio Terà dei Gesuati.

Internet Point San Barnaba – Dorsoduro 2759, Campo S. Barnaba.

Clony Editing – Dorsoduro 2857, Calle Lunga S. Barnaba.

Officina - Studio & Comunicazione – Dorsoduro 2799, Calle del Traghetto.

Fotocopisteria all'Angolo - Internet Point – Santa Croce 664/C, Chioverette de San Simon.

Internet Point Stella Sahaba – S. Croce 182, Fondamenta dei Tolentini.

Crigian 2000 - Internet Point – S. Polo 888, Ramo de la Donzela
Internet Point Infernet – Cannaregio 2970, Calle S. Felice
VeNice - Internet Point – Cannaregio 149, Lista di Spagna
ABColor - Internet point – Cannaregio 220, Lista di Spagna
Planet Internet Point – Cannaregio 1519, Rio Terà S. Leonardo

Jours fériés

Bon à savoir – **Feriale** ne signifie pas férié mais au contraire jour ouvrable. Les jours fériés sont appelés **festivi**.

Les jours fériés, nationaux ou non, à Venise sont les suivants :
– Jour de l'An (1er janvier)
– Épiphanie (6 janvier)
– Dimanche et lundi de Pâques *(lunedì dell'Angelo)*
– Anniversaire de la Libération de 1945 et fête du saint patron de la ville, saint Marc (25 avril) *Agenda, p. 17.*
– Fête du Travail (1er mai)
– Fête de la proclamation de la République (2 juin)
– Assomption *(ferragosto)* (15 août)
– Toussaint (1er novembre)
– Immaculée Conception (8 décembre)
– Noël et Saint-Étienne (25 et 26 décembre).

Lectures

Maints romans et intrigues prennent place à Venise, ville propice aux fantasmes romanesques. Voici quelques pistes pour vous plonger encore plus dans la magie de Venise :

Polars – Les romans policiers de Dona Leon entraînent le commissaire Brunetti dans des enquêtes passionnantes dans Venise et sa lagune : le dernier né, *La femme au masque de chair* (Calmann-Lévy, 2012), est la 18e aventure du célèbre policier.
Suivez le guide – *Venise sur les traces de Brunetti*, de Toni Sepeda (Calmann-Lévy, 2010).
Venise, itinéraires avec Corto Maltese, d'Hugo Pratt, Lele Vianello et Guido Fugo (Lonely Planet, 2010).
Un autre regard – *Visa pour Venise*, de James Morris (Gallimard, 2004).
Venise est un poisson, de Tiziano Scarpa (Ch. Bourgeois, 2002).
Pour des œuvres plus classiques : *La littérature (p. 115).*

Mise en garde

Vitrine du tourisme italien, Venise est une ville plutôt sûre, bien qu'il ne soit pas exclu, ici comme ailleurs, de croiser le chemin d'un **pickpocket**, en particulier dans les lieux très fréquentés. Vous rencontrerez à Venise, comme dans beaucoup de grandes villes, des vendeurs de rue proposant à la sauvette des articles de **contrefaçon** (parfums ou sacs). N'oubliez pas que ce genre d'achat est passible d'une amende !
Encadré « numéros d'urgence » p. 7.

Poste

Deux **Poste Centrali** sont remarquablement bien situées : celle du Rialto, située Calle de le Acque (lun.-vend. 8h25-19h10, sam. 8h25-12h35) et celle de la place Saint-Marc

(Calle dell'Ascensione, derrière l'aile napoléonienne en allant vers S. Moisè, lun.-vend. 8h25-13h35, sam. 8h25-12h35). Pour les autres bureaux de poste, consultez www.poste.it.
Vous pouvez acheter des **timbres** *(francobolli)* aux guichets des postes et dans les **bureaux de tabac** (*tabacchi*, signalés par un panonceau à **T** blanc sur fond noir). Compter 0,75 €.

Presse

Vous trouverez la presse française de la veille dans la plupart des kiosques qui émaillent les *campi* situés près des lieux touristiques.
Si vous lisez un peu l'italien, pour vous tenir au courant des événements locaux, procurez-vous **Il Gazzettino**.
Sinon, la brochure *Eventi & Manifestazioni*, publiée par l'APT, est disponible en français et vendue (0,20 €) dans les offices de tourisme de Venise.
Offices de tourisme, p. 5.

Restauration

Gastronomie, p. 117.

Du bàcaro au restaurant

Quel que soit votre budget, vous n'aurez à Venise que l'embarras du choix pour vous restaurer, tant le nombre d'établissements de toutes catégories est important!
Petit vocabulaire de base – Le **bàcaro** *(pl. : bàcari)* et l'**osterìa** *(pl. : osterìe)* sont des établissements très simples, faisant office de bar à vin où les habitués dégustent une **òmbra** au comptoir ou en salle, accompagnée d'un plat du jour ou de quelques **cichèti,** amuse-gueules vénitiens. Servi sur une tranche de pain grillé, le **cichèto** devient un **crostìno** *(pl. : crostìni).*
L'**enotèca** *(pl. : enotèche)*, est avant tout un commerce de vins, mais où vous pourrez également vous restaurer en dégustant un des crus de la maison.
La **locanda** est une auberge et peut donc disposer de quelques chambres, contrairement à la **trattorìa** et à la **taverna**. Enfin, au sommet de la hiérarchie, vient le **ristorante**.
Les horaires – Les établissements voués à une véritable restauration observent des horaires assez restreints, hors quelques exceptions sur les axes touristiques : le repas *(pasto)* se prend entre 12h et 14h pour le **pranzo** puis de 19h30-20h à 22h pour la **cena**.
En dehors des heures de repas, et en cas de fringale imprévue, vous disposez des **bàcari** qui restent généralement ouverts toute la journée, mais ferment assez tôt (9h30-18h), des établissements vendant des sandwiches (*tramezzini* ou *panini*) ou des *pizze* à emporter : commandez alors un **taglio** (un morceau).
Les prix – Certains lieux affichent, de façon parfois presque insistante, des menus touristiques à des prix défiant toute concurrence, mais sans originalité, voire décevants.
Il serait dommage de s'en contenter, car la cuisine vénitienne est particulièrement riche en saveurs *(voir Gastronomie, p. 117)*. Certains restaurants haut de gamme proposent pour le déjeuner une formule « allégée » ou

des menus dégustation à des prix raisonnables.

Bon à savoir – Le **couvert et le pain** *(pane e coperto)* font le plus souvent l'objet d'un supplément et le **service** n'est pas toujours compris.

À table !

La carte – Elle se présente traditionnellement de la façon suivante : – **antipasti** ou hors-d'œuvre ; – **primi** (premier plat) : il s'agit le plus souvent de pâtes ou de *risòtto* ; – **secondi**, le plat principal, viande ou poisson, que vous pouvez accompagner de *contorni* (légumes ou salade), à choisir sur la carte ; – les desserts : **formaggio** (fromage), **frutta** (fruits), **dolce** (gâteau), **gelato** (glace) ou **semifreddo** (gâteau glacé) ; – et pour terminer le **caffè**... que vous pouvez faire suivre d'une *grappa* (eau-de-vie)

Des pâtes mais lesquelles ? – Dans le domaine de la *pasta*, la créativité des Italiens n'a guère de limites. Vous connaissez les cannellonis (gros tubes farcis), les lasagnes (larges feuilles préparées en couches superposées alternant sauce et pâte et passées au four), les raviolis (coussinets farcis), les *maccheroni* (ce sont nos macaronis), les tagliatelles (rubans étroits et longs) et bien entendu les spaghettis. Vous pouvez également essayer les *farfalle* (en forme de papillon), les *fettuccine* (variante romaine des tagliatelles), les *fusilli* (en spirale), les *tagiolìni* (variante des tagliatelles) ou les tortellinis (enroulées sur elles-mêmes). S'il ne s'agit pas à proprement parler de pâtes, pensez également aux *gnòcchi* à base de semoule, de pomme de terre ou de pain. De même que les *risòtti*, ces préparations peuvent être accommodées de façon classique *al ragù* (à la bolognaise), *all'amatriciana* ou *alla carbonara*, mais aussi de manière plus originale aux coquillages *(alle vongole)* ou à l'encre de seiche *(al nero di seppia)*.

Manger à la vénitienne – Cité maritime, Venise s'enorgueillit de ses **coquillages**, **crustacés** et **poissons**. Il existe des dizaines de mots pour désigner les crabes ou les crevettes, selon leur espèce ou leur âge ! Les poissons peuvent être accommodés au gril *(alla griglia)*, en friture *(fritti)* ou en sauce *(all'ùmedo)*, à moins qu'ils ne soient marinés *(in saòr)* ou, cas de la morue, servis en brandade *(bacalà mantecà)*.

En septembre-octobre, mettant à profit les passages de migrateurs, les tables locales accueillent volontiers du gibier d'eau.

En ce qui concerne les **contorni**, outre la polenta, compacte et passée au gril ou quasi liquide, les produits des maraîchers de la lagune sont réputés : parmi ceux-ci les *castraùre* (jeunes artichauts), les *fiori di zucca* (fleurs de citrouille), les *zucchine* (courgettes) les *bisi* (petits pois), les *sparese* (asperges), ou les *cuore di bue* (tomates cœur de bœuf).

Les boissons – Qu'elle soit plate (*naturale* ou *senza gas*) ou pétillante *(acqua minerale gassata)*, l'**eau** est servie en bouteille. La bière pression se dit *alla spina* ; principales bières italiennes : Moretti, Forst et Peroni. Le **vin**, rouge ou blanc, est le plus volontiers consommé. Dans les lieux plutôt modestes, demandez le *vino della casa* qui peut vous être servi en bouteille, en pichet (*in caraffa* ou *sfuso*, c'est-à-dire ouvert : demandez un *quartino* ou un *mezzo*) ou au verre (*bicchiere* ou *calice*, s'il s'agit d'un verre à pied).

Le café – Grande spécialité des Italiens, le café se boit à toute heure. L'**espresso** est particulièrement serré, surtout s'il est *ristretto*. Pour l'équivalent d'un express français, demandez un *caffè lungo*. Notre café long est appelé *americano*. Le café **corretto** est « corrigé » d'eau-de-vie. Le **caffè latte** est un café au lait, le **macchiato**, servi dans une petite tasse, s'agrémente d'un nuage de lait. Enfin, on ne présente plus le fameux **cappuccino**.

Les glaces – Réputées, les **gelati** participent au plaisir d'un séjour italien. Essayez la *stracciatella*, glace au lait relevée de pépites de chocolat ; la *gianduia* au chocolat au lait parfumé à la noisette, le *bacio*, une glace au chocolat au lait, *fior di latte* ou *panna*, à la crème de lait. La célèbre **cassata** est proche de notre plombières et la **crema**, une crème jaune parfumée de vanille ; quant au parfum **tiramisù**, il reprend le goût du fameux gâteau homonyme.

Se repérer

Grands axes

Vous marcherez beaucoup à Venise, et les multiples ponts que vous emprunterez mettront à rude épreuve les randonneurs les plus expérimentés. Si vous découvrez la ville, vous prendrez d'abord les grands **axes balisés** de jaune vous permettant de rallier les points de repère essentiels : **Ferrovia** (la gare), **Rialto**, **San Marco** ou l'**Accademia**. Puis vous partirez « à l'aventure », ce qui est la meilleure façon de profiter de Venise. Bien entendu, vous vous perdrez et parfois, ferez des tours et des détours pour rejoindre un *campiello* que vous apercevez sur l'autre rive d'un *rio*, à quelques mètres à peine. Mais vous retomberez toujours sur un de ces axes faciles à reconnaître : c'est là que se concentre le flux de touristes.

Numérotation des rues

À Venise, les maisons ne sont pas numérotées par rue comme partout ailleurs, mais selon le **sestiere** (quartier) auquel elles appartiennent. Il y en a six (San Marco, Castello, Dorsoduro, Cannaregio, San Polo et Santa Croce) si bien que les numéros peuvent atteindre des chiffres considérables. S'il est possible de les suivre pour arriver à une adresse donnée, il arrive aussi que le n° 6742 soit séparé du 6741 par un *rio* qu'aucun pont ne permet de traverser à cet endroit-là. Pour se repérer, restent les noms de rues, dont il est tout de même bon de savoir qu'ils ne sont pas uniques : il y a autant de Calle del Forner que de boulangers, et pire, de Calle della Chiesa que d'églises…

Sites et blogs

Venise suscite bien des passions et de nombreux blogs existent. Quelques-uns valent le détour :

www.e-venice.com – Véritable encyclopédie sur Venise, ce site créé par un couple de Français, Vénitiens d'adoption, regorge d'informations.

www.vivre-venise.com – Ce site décrypte la ville pour vous.

www.destination-venise.net – Ce blog suit l'actualité de Venise.
tramezzinimag.blogspot.fr – Le blog de Lorenzo Cittone est une référence pour rester au courant des événements et, plus simplement, de la vie de la Sérénissime.

Tabac

Depuis 2005, l'Italie a adopté des mesures draconiennes visant à **interdire de fumer dans les lieux publics**, y compris les restaurants et les bars.

Téléphone

Si vous ne possédez pas de téléphone portable, vous aurez recours aux quelques cabines téléphoniques qui subsistent. Il faudra vous procurer dans un bureau de tabac ou un kiosque à journaux une carte *(scheda telefonica)*.

Appels internationaux

Depuis l'Italie, vers la **France**, composez 00 + **33** + le n° du correspondant sans le 0 initial ; vers la **Belgique** : 00 + **32** + n° de la zone sans le 0 + n° du correspondant ; vers le **Luxembourg** : 00 + **352** + n° de la zone sans le 0 + n° du correspondant ; vers la **Suisse** : 00 + **41** + n° de la zone sans le 0 + n° du correspondant.
Vers l'Italie, depuis la France, la Belgique, le Luxembourg et la Suisse : 00 + **39** + n° du correspondant avec le 0 initial.
À l'**intérieur du pays**, composez l'indicatif de la ville commençant toujours par 0 (041 pour Venise) + le n° du correspondant (sf n^{os} spéciaux).

Toilettes publiques

Des toilettes publiques sont installées à proximité des lieux touristiques et dans chaque sestiere : près de la piazza San Marco, aux Giardini ex-Reali *(9h-19h)* et dans la Calle Ascension *(9h-20h)* ; à côté de l'Accademia *(9h-19h)* ; à proximité du Rialto, près du Campo San Bartolomeo *(8h-20h)* et sur l'autre rive sur le campo Rialto Novo *(7h-19h)* ; à Castello, dans la Calle de le Docce *(10h-19h)* ; à Cannaregio près de San Leonardo *(7h30-19h30)* ; près de la Piazzale Roma, Fondamenta Cossetti *(8h-19h)* ; à Tronchetto, Murano, Burano, Torcello et au Lido.
Deux accès gratuits sont inclus dans la VENICEcard. On peut acheter les billets permettant d'utiliser les toilettes publiques sur www.veniceconnected.com - 3 € pour deux accès pendant une journée, 9 € pour dix accès pendant une semaine. Pour ceux qui n'achetent pas sur Internet, il faudra s'acquitter de 1,60 € (ou 3 €, selon la saison).

Transports

Il va de soi qu'à Venise les moyens de transport n'empruntent que des itinéraires maritimes. Il faut cependant savoir qu'en raison de la circulation intense, de l'emplacement des arrêts du *vaporetto*, et du temps d'attente de votre bateau (vous n'avez pas forcément en tête les horaires de passage), il est parfois plus rapide d'effectuer le déplacement à pied... à condition bien entendu de ne pas se perdre !
(➲ *Se repérer, p. 12)*.

Vaporetto

Vous aurez souvent recours au célèbre *vaporetto*, notamment aux deux lignes sillonnant le Grand Canal.
Pour une vision d'ensemble du réseau urbain, reportez-vous au dos du plan détachable dans le rabat de couverture.
Les billets – Qu'il s'agisse d'un billet simple ou d'abonnements à nombre de voyages illimité, vous pouvez vous procurer vos billets aux guichets de l'**ACTV**. Le principal est situé dans une sorte de rotonde sur Piazzale Roma, mais vous en trouverez aux principales stations et à l'aéroport ; en cas de fermeture, vous vous les procurerez auprès de l'employé de bord. Les billets doivent être compostés avant de monter à bord (et dès la première utilisation en cas de formule d'abonnement). N'omettez pas cette formalité (et ne montez pas sans billet) car en cas de contrôle, vous seriez soumis à une amende rondelette...
Le prix du trajet simple est exorbitant : 7 € ! Aussi, privilégiez les formules d'abonnement : cartes valables 12h (18 €), 24h (20 €) ou 72h (35 €). La **Rolling card** s'adresse au 14-29 ans et donne droit à un nombre illimité de trajets durant 3 jours pour 18 € *(voir aussi la Rolling Venice card, p. 16).*
Les lignes – **1** : départ de Piazzale Roma, terminus au Lido par Ferrovia (la gare), Rialto, San Marco, Giardini et S. Elena. Quasi omnibus, ce vaporetto passe toutes les 10mn environ. – **2** : depuis Tronchetto, quelques arrêts sur le Grand Canal (Ferrovia, Rialto) puis San Marco et dans l'autre sens arrêts le long du canal de la Giudecca jusqu'à S. Zaccaria par San Giorgio Maggiore ; en saison une ligne est ouverte reliant le Lido à San Marco. Plus rapides sur le Grand Canal, ces *vaporetti* passent toutes les 20mn. – **41/42** : Murano, Fondamenta Nuove, San Pietro, San Zaccaria, Giudecca, Piazzale Roma, Ferrovia, canale di Cannaregio et retour à Murano. – **51/52** : tour de la ville au départ et à l'arrivée du Lido par Fondamenta Nuove, canale di Cannaregio, Ferrovia, Zattere, San Zaccaria, Sant'Elena. – **61/62** : Lido, Sant'Elena, Giardini, Zattere, Piazzale Roma.
Les 42, 52 et 62 effectuent leur rotation dans un sens ; les 41, 51 et 61 dans le sens inverse. – **LN** (Laguna Nord) : de Fondamenta Nuove à Treporti (sur le littoral de Cavallino) *via* Murano Faro, Mazzorbo et Burano (où correspondance avec la ligne **T** pour Torcello) puis retour sur San Zaccaria par le Lido. – **20** : San Zaccaria - Lido Casino *via* S. Servolo et San Lazzaro degli Armeni. – **13** : Fondamenta Nuove-Treporti *via* Murano Faro, le Vignole et Sant'Erasmo. – **DM** : Piazzale Roma-Murano par, Ferrovia et le canale di Cannaregio.

Service nocturne
Entre minuit et 5h du matin, la cité est parcourue par le *vaporetto* **N** qui effectue le trajet des autres lignes.

Vaporetto dell'Arte
Nouveau service de vaporetto sur le Grand Canal, de Ferrovia à Giardini. Le bateau est équipé de moniteurs vidéo et d'audioguides. Bateau opérant tlj de 9h à 17h, au départ de Ferrovia

(ttes les 30mn) - *Rens. sur 041 24 24 ou sur www.vaporettoarte.com*. Billet valable une journée : 24 € (6-11 ans 15 €), 10 € avec l'achat simultané d'un abonnement ACTV ; vendu dans les guichets Hellovenezia et sur www.veniceconnected.com.

Alilaguna – Cette compagnie qui compte 3 lignes *(voir p. 1)* propose des cartes d'abonnement pour ses lignes, valables 24h (30 €) ou 72h (65 €). Prix du trajet simple (hors aéroport) : 8 à 10 €. Rens. sur www.alilaguna.it.

Bateau-taxi

Si vous souhaitez emprunter un des **taxis acquei**, assurez-vous de la présence, sur le côté du bateau, d'un panonceau jaune portant le n° du bateau et l'insigne noir de la municipalité, et vérifiez que le taximètre soit bien visible et le tarif clairement affiché.

Tarification – Ces bateaux pratiquent des prix élevés, se composant de différents coûts (prise en charge, prix de la minute, coûts supplémentaires, coût d'appel…). Faites vous préciser le prix et assurez-vous qu'il s'agit du coût total et non pas du prix par personne.

Contestations et abus – En cas de contestation sur le tarif appliqué, notez le numéro du taxi, la date et l'heure de la course et surtout pensez à demander un reçu indiquant le trajet effectué et la somme payée.

Enfin, refusez les courses « à tarif forfaitaire », qui sont parfois proposées aux touristes chargés de bagages qui arrivent à Venise, et qui donnent souvent lieu à des abus, comme les offres de bateliers privés.

Quelques compagnies :
Coop. Veneziana – ✆ 041 716 124.
Coop. Serenissima – ✆ 041 522 12 65.
Consorzio Motoscafi Venezia – ✆ 041 522 23 03.
Ducale – ✆ 041 523 88 35.
Venezia Taxi – ✆ 041 723 112.

Traghetto

En dehors des quatre ponts qui enjambent le Grand Canal, vous pouvez certes le traverser en empruntant un *vaporetto* mais l'attente peut être longue (et onéreuse). Sachez que vous disposez du *traghetto*. Ces services de gondole sont disponibles sur huit embarcadères spécifiques situés à hauteur de la gare ferroviaire *(Stazione)*, San Marcuola, Santa Sofia (Ca' d'Oro), Rialto, San Tomà, San Samuele, Santa Maria del Giglio et Dogana. Cette brève traversée en gondole (0,50 € - pensez à préparer votre monnaie) s'effectue traditionnellement debout mais rien ne vous empêche de vous asseoir si vous craignez de perdre l'équilibre.

En gondole

Vous trouverez en divers points de la ville, aux alentours de la place Saint-Marc, comme sur des *campi* plus discrets, des gondoliers revêtus de leur tricot rayé. Si la promenade est onéreuse, le tarif répond à des normes officielles précises, et ne se négocie donc pas. Le prix est fixé à 80 € pour les 40 premières minutes de balade (maximum de 6 passagers par gondole) auxquels s'ajoutent 40 € par tranche de 20mn supplémentaires. Pour une promenade romantique au clair de lune (de 19h à 8h du matin), le tarif des 40 premières minutes passe à 100 €, celui des 20mn supplémentaires à 50 €.

Visites : forfaits

Plusieurs **pass touristiques** permettent d'adoucir le coût d'un séjour à Venise :
Le **Chorus pass** permet la visite de 16 des plus belles églises de la ville pour 10 €. Elle est valable 1 an. Rens. : ✆ 041 275 04 62 - www.chorusvenezia.org. En vente dans les églises concernées.
Le **San Marco Museum Pass** est le billet qui permet d'accéder aux musées de la Piazza San Marco (Palazzo Ducale, Museo Correr, Museo Archeologico Nazionale, Sale Monumentali della Biblioteca Nazionale Marciana). Il coûte 16 € et est valable 3 mois. Le pass est à 12 € pour une période de validité d'un après-midi *(nov.-mars : 13h à 16h ; avr.-oct. : 15h-18h)*, mais c'est très court pour tout visiter !
Le **Museum Pass** est le billet combiné pour les musées de Piazza San Marco et pour les musées municipaux : Ca' Rezzonico, Palazzo Mocenigo, Casa di Carlo Goldoni, Ca' Pesaro (Galleria Internazionale d'Arte Moderna + Museo d'Arte Orientale), Museo del Vetro, Museo del Merletto, Museo di Storia Naturale. Il est valable 6 mois et vaut 20 €. En vente aux guichets. www. museicivicivenezia ni.it et sur www.veniceconnected.com.
La VENICEcard se décline en deux versions, San Marco ou classique. La première donne accès aux musées de la piazza San Marco, à trois églises Chorus de votre choix, à la fondation Querini Stampalia ; elle offre aussi des tarifs réduits dans d'autres musées et expositions et dans certaines boutiques (autocollant VENICEcard) - prix 24,90 €, valide 7 jours. La VENICEcard classique donne accès au palais des Doges, aux 10 musées municipaux, à toutes les églises Chorus, à la fondation Querini Stampalia et au musée du Ghetto. Deux accès aux toilettes publiques sont inclus, ainsi que des réductions pour d'autres expos et pour des achats dans les magasins portant l'autocollant VENICEcard - prix 29,90 € pour les 6-29 ans, 39,90 € pour les plus de 30 ans. Vous pouvez l'acheter dans les agences Hellovenezia, les offices de tourisme, certaines agences de voyage - rens. sur www.hellovenezia.com.
Pour ceux qui ont entre 14 et 29 ans, la **Rolling VENICEcard** (4 €) donne droit à diverses réductions auprès de plus de 200 services (hôtels, transports, restaurants universitaires, musées, etc.). Informations au ✆ 041 24 24 ou sur www.hellovenezia.com.

Visites guidées

L'office du tourisme propose des visites guidées en français, sur différents thèmes, mis à jour régulièrement. Visitez le site www.turismovenezia.it et recherchez les « visite guidate APT » dans les « Itinerari » pour connaître toute la gamme des possibilités.

Agenda culturel

Rendez-vous annuels

JANVIER

➔**Régate de l'Épiphanie** – Le 6 janvier sur le Grand Canal, mettant aux prises des hommes d'âge mûr, déguisés en **Befana**, vieille femme qui apporte des cadeaux aux enfants la nuit de l'Épiphanie.

FÉVRIER

➔**Carnaval** – Dix jours avant les Cendres : la magie de Venise ! Masques et costumes somptueux font revivre la Sérénissime d'antan.

MARS

➔**Jeudi saint** – Bénédiction du feu, allumé dans l'atrium de la basilique Saint-Marc.

AVRIL

➔**Su e zo per i ponti** – Littéralement « En montant et en redescendant les ponts » : compétition de marche le long des *calli* et des *campi*.

➔**Fête de saint Marc** – Le 25 avril : les hommes offrent à leurs belles une rose rouge non encore éclose, le **bòcolo** (bouton).

MAI

➔**Vogalonga** – « Marathon » nautique - Départ du bassin Saint-Marc, tour des îles et retour par le Grand Canal.

ASCENSION

➔**Sensa** – Évocation des noces de Venise et de la mer.

JUIN

➔**Fête de San Pietro di Castello** – Semaine du 29 juin.

JUILLET

➔**Fête du Rédempteur** – 3e dimanche de juillet. *Visiter, p. 94.*

SEPTEMBRE

➔**Régate historique** – 1er dimanche de septembre. Après le défilé historique conduit par le mythique *Bucintoro (à partir de 16h)*, plusieurs régates ont lieu sur le Grand Canal : celle des jeunes, celle des femmes, celle sur *caorline* (barques à six rameurs originaires de Caorle) et celle sur *gondolini* (petites gondoles). Postez-vous sur le parcours à l'avance.

➔**Festival Galuppi** – Jusqu'à la mi-octobre. Festival annuel organisé à la mémoire du compositeur de Burano, **Baldassare Galuppi**.

➔**Fête du poisson à Burano** – Le 3e dimanche de septembre, qui se prolonge par une régate.

➔**Mostra Internazionale d'Arte Cinematografica** – Chaque année, début septembre, au Lido.

NOVEMBRE

➔**Fête de la Salute** – Le 21 novembre.

Événements 2013-2014

Biennale : 55e Esposizione Internazionale d'Arte de juin à novembre 2013. Fin août-nov. 2014 : 14e Mostra Internazionale di Architettura. Programmes sur www. labiennale.org. *Pour en savoir plus, p. 120.*

Les mille et une couleurs du verre de Murano.

G. Simeone / Sime / PHOTONONSTOP

Nos adresses

Se loger

À Venise, il existe quatre tarifs, basse, moyenne, haute saison et « Mostra » (Festival de Venise). Les prix mentionnés ici indiquent une fourchette pour une chambre double en basse saison. Comptez le double pour la haute saison. Le petit-déjeuner est généralement inclus.
Les adresses sélectionnées ci-dessous sont positionnées sur le plan détachable à l'intérieur de la couverture et se repèrent grâce à des pastilles numérotées (ex. 1). Ces pastilles sont placées ci-après devant le nom de chaque établissement.

San Marco

DE 70 À 160 €

17 **Domus Ciliota** – D6 - *S. Marco 2976 - Calle delle Muneghe - arrêt : S. Angelo - ✆ 041 520 48 88 - www.ciliota.it - 51 ch.* Dans l'ancien monastère des Augustines, l'institut fait partie d'un complexe architectural remontant au 15e s. Entièrement restauré en 1999, il offre des chambres avec tout le confort moderne et une cour intérieure fleurie.

18 **Locanda Art Déco** – D6 - *Calle delle Botteghe 2966 - ✆ 041 27 70 558 - www.locandaartdeco.com - 6 ch.* Dans une ruelle où se concentrent plusieurs boutiques d'antiquaires, cette auberge porte bien son nom, meublée et décorée dans le style du début du 19e s.

2 **Locanda Antico Casin** – D6 - *Corte Contarina 1520 A - arrêt : Vallaresso - ✆ 041 241 03 84 - 5 ch.* Selon l'habitude locale, l'accès à ce B&B lumineux, se mérite. Pas d'ascenseur, mais une terrasse ouvrant sur les toits, bien agréable en saison.

DE 160 À 250 €

3 **Bloom & Settimo Cielo** – D5 - *Campiello Santo Stefano 3470 - arrêt : S. Angelo - ✆ 340 14 98 872 (Bloom) ou 342 63 62 581 (Settimo Cielo) - www.bloom-venice.com et www.settimocielo-venice.com - 6 ch.* Alessandra, la propriétaire, a voulu créer un lieu à la fois vénitien, et moderne. Les chambres de ces B&B jumeaux, toutes différentes, se jouent tantôt des tissus cramoisis, tantôt des tons doux. Terrasse panoramique côté Bloom.

LUXE

1 **Gritti Palace** – D6 - *Campo S. Maria del Giglio 2467 - arrêt : S. Maria del Giglio - ✆ 041 29 61 22 22 - www.starwoodhotels.com/grittipalace - 91 ch.* Peu de palaces au monde égalent celui-ci, où le décor, complètement rénové en 2012, évoque la Venise du 16e s. : tissus précieux, lustres de Murano, meubles peints de roses à la main… Magique.

San Polo et Santa Croce

DE 90 À 160 €

5 **Ca'Bonvicini** – D4 - *Calle Ca'Bonvicini 2160 - arrêt : San Stae - ✆ 041 275 01 06 - www.cabonvicini.com.* Ciels de lit et drapés ivoire ou caramel : ce B&B aménagé dans une demeure du 17e s. au bord du Rio delle Due Torri, abrite des chambres lumineuses et charmantes. Prix sages.

DE 160 À 250 €

❹ **Oltre il giardino** – **C5** - *Fondamenta Contarini 2542 - arrêt : S. Tomà - ✆ 041 275 00 15 - www.oltreilgiardino-venezia.com - 6 ch.* Spacieuses, meublées avec un goût exquis, les 6 chambres et suites ouvrent sur un jardin d'oliviers et de magnolias, assez inattendu à Venise ! Petit-déjeuner à l'extérieur en saison.

Dorsoduro

DE 70 À 160 €

❿ **Arlecchino** – **B5** - *Fondamenta delle Burchielle/ Santa Croce 390- ✆ 041 71 07 23 - www.hotelarlecchino.com - 25 ch.* Cet hôtel à proximité de la piazzale Roma propose des chambres de bon confort au bord du canal. Prix raisonnable mais l'établissement est un peu excentré.

⓳ **Casa Rezzonico** – **C6** - *Fondamenta Gherardini 2813 - ✆ 041 277 06 53 - www.casarezzonico.it - 6 ch.* Si deux chambres seulement disposent d'une vraie belle vue, toutes sont confortables et soignées. À la belle saison, le petit-déjeuner se prend dans le jardin.

❾ **La Calcina** – **C7** - *Fondamenta delle Zattere ai Gesuati 780 - arrêt : Zattere - ✆ 041 520 64 66 - www.lacalcina.com - 29 ch.* Voici une valeur sûre, gérée par la même famille depuis trois générations, sans compter l'accueil d'une rare gentillesse et les chambres au charme provincial.

DE 160 À 250 €

❼ **DD724** – **D6** - *Dorsoduro 724 - arrêt : Accademia - ✆ 041 277 02 62 - www.thecharminghouse.com.* Lits minimalistes à baldaquin, mobilier chocolat, œuvres d'art contemporain pour cette boutique-hôtel résolument design, créée par l'architecte Mauro Mazzolini et la propriétaire, Chiara Bocchini.

❽ **Ca'Pisani** – **C6** - *Rio Terrà A. Foscarini 979/A -arrêt : Accademia - ✆ 041 24 01 411 - www.capisanihotel.it - 29 ch.* Ouvert en 2000, cet hôtel, dans un palais du 14e s., faisait figure d'ovni dans une Venise où seuls les drapés et les brocarts avaient droit de cité. La famille Serandrei a innové, à coups de mobilier Art déco et de tableaux futuristes italiens.

LUXE

❻ **Ca'Maria Adele** – **D6** - *Dorsoduro 111 - arrêt : Salute - ✆ 041 520 30 78 - www.camariaadele.it - 12 ch.*

BONS PLANS

Venise est une destination chère et il est souvent préférable de partir en week-end décalé (notez toutefois que le mardi, beaucoup de musées sont fermés) et de réserver son logement à l'avance. Le site **www.nozio.fr** regroupe 1250 hôtels et propose une centrale de réservation sans frais supplémentaires.
Attention néanmoins aux réservations effectuées sur des sites Internet avec des tarifs avantageux ; faites confirmer votre réservation directement par l'hôtel pour éviter les mauvaises surprises à votre arrivée.

Ici, l'Orient se mêle aux fastes du baroque. Chambres et suites tendues de soies naturelles, aussi raffinées que le salon, avec ses gravures et ses sofas en poulain. Pas moins de 60 produits pour le petit-déjeuner, dont plusieurs miels au thym ou à la lavande.

Castello

DE 70 À 160 €

⓬ **Palazzo Soderini** – **F5** - *Campo Bandiera e Moro o della Bragora 3611 - arrêt : Arsenale - ✆ 041 296 08 23 - www.palazzosoderini.it - 8 ch.* Tout est blanc et épuré, dans ce B&B minimaliste. Collation dans le jardin.

DE 160 À 250 €

⓫ **IQS Charming House** – **E5** - *Campiello Querini Stampalia 4425 - arrêt : S. Zaccaria - ✆ 041 241 00 62 - www.thecharminghouse.com - 4 ch.* Férue de design et d'art contemporain, Chiara Bocchini, déjà propriétaire d'un boutique-hôtel situé près du musée Guggenheim *(voir p. 21)* dédie ce B&B à une clientèle exigeante. Le blanc et le gris tourterelle décorent la plus chic des 4 suites, dotée d'une cuisine high-tech et d'un buffet signé Carlo Scarpa.

Cannaregio

DE 70 À 160 €

⓭ **3749 Ponte Chiodo** – **D3** - *Cannaregio 3749 - arrêt : Ca'd'Oro - ✆ 041 241 39 35 - www.pontechiodo.it.* Quelques meubles anciens et des jetés de lit ivoire ou framboise donnent à ce sympathique B&B un caractère plus rustique peut-être que vénitien. La cuisine commune, à disposition des hôtes, ajoute à l'accueil très cordial de Mattia Basegio. Jardin très agréable pour déguster son capuccino, le matin.

La Giudecca

LUXE

⓮ **Cipriani** – **E7** -*Giudecca 10 - arrêt : Zitelle - ✆ 041 520 77 44 - www.hotelcipriani.com - 95 ch.* Plantes luxuriantes, tennis, piscine chauffée où se prélassent des élégantes, évoquent les romans de Scott Fitzgerald. Mythique.

⓯ **Bauer Palladio Hôtel & Spa** – **E7** - *Giudecca, 33 - arrêt : Zitelle - ✆ 041 520 70 22 - www.bauerhotels.com - 100 ch.* Une oasis de fraîcheur, dans un ancien couvent de jeunes filles bâti par le grand Palladio, où 50 chambres et suites s'ornent de tapisseries ou de soies pastel griffées Rubelli. Bateau écologique allant jusqu'à Saint-Marc.

Lido

DE 70 À 160 €

⓰ **Grande Albergo Ausonia e Hungaria** – **Hors plan** - *Gran Viale S. Maria Elisabetta 28 - arrêt : Lido - ✆ 041 242 00 60 - www.hotelhungaria.com - 74 ch.* La façade ornée de majoliques et le grand salon ravivent la Belle-Époque, quand les plages du Lido attiraient l'aristocratie internationale.

Grand Hotel Bauer, ancien palazetto sur le Grand Canal .

Se restaurer

Les restaurants vénitiens étant exigus, et les bonnes adresses, prises d'assaut, il est fortement conseillé de réserver aussi bien dans les *bacari* *(voir p. 117)* que dans les restaurants plus élégants. Préférez les spécialités locales aux « menus touristiques » souvent décevants.

Les adresses sélectionnées ci-dessous sont positionnées sur le plan détachable à l'intérieur de la couverture et se repèrent grâce à des pastilles numérotées (ex. 1). Ces pastilles numérotées sont placées ci-après devant le nom de chaque établissement.

San Marco

➔DÉJEUNER

MOINS DE 25 €

1 **Rosticceria San Bartolomeo** – E5 - *Calle della Bissa 5424 - arrêt : Rialto - ✆ 041 522 35 69 - fermé dim. et lun. après-midi.* Une bonne adresse vénitienne pour manger sur le pouce, mais bien et à bon prix. Toujours comble, on peut s'asseoir sur les tabourets si toutes les tables sont prises.

2 **Ai Rusteghi** – E4 - *Campiello del Tentor 5513 - arrêt : Rialto - ✆ 041 523 22 05 - fermé dim.* Ce « fast-food » à l'italienne propose des paninis simples ou sophistiqués, à prix doux. Crème de truffe, pancetta et artichauts de Livourne, légumes de saison...
Endroit réputé pour ses vins à déguster au verre.

DE 25 € À 50 €

3 **Acqua Pazza** – D5 - *Campo S. Angelo 3808/10 - arrêt : Rialto - ✆ 041 277 06 88 - www.veniceacquapazza.com - fermé lun.* Une grande terrasse, pour la meilleure des cuisines amalfitaines : soupe de poisson, homard et thon frais. Les *pizze* sont un délice, notamment celle à la roquette, tomates cerises et lamelles de *grana padano.*

➔DÎNER

PLUS DE 50 €

16 **De Pisis** – D6 - *Campo San Moisè 1459 - arrêt : Vallaresso - ✆ 041 520 70 22.* Ouvert sur le Grand Canal et l'église de la Salute, voici l'un des plus élégants restaurants de la ville. Filet de veau en croûte de sel et paprika, raviolis de crabe à la crême de menthe, à la mesure du talent de Giovanni Ciresa.

17 **Centrale Restaurant Lounge** – D5 - *Piscina Frezzeria 1659 - arrêt : Vallaresso - ✆ 041 296 06 64 - www.caffecentralevenezia.com - fermé mar.* Installé au rez-de-chaussée d'un ancien palais, ce bar-restaurant très en vogue reste ouvert jusqu'à 2h du matin. Seiches aux cèpes et riz sauvage au homard, dans un décor *black design*.

San Polo

➔DÉJEUNER

MOINS DE 25 €

15 **Pasticceria Bucintoro**– D4 - *Sestiere San Polo 2229 - arrêt : S. Stae - ✆ 041 72 15 03 - fermé lun. après-midi.*

Le patron prépare ses pâtisseries traditionnelles à l'arrière de son comptoir. Installez-vous dans le salon de thé pour une pause gourmande : *zaeti*, fougasses, pain des Doges, *fritoe* et *galani* pendant le carnaval...

DE 25 À 50 €

4 **Osteria La Patatina** – C5 - *San Polo 2741/A - arrêt : San Tomà - ✆ 041 523 72 38 - www.lapatatina.it*. Cette auberge au décor « bistrot » sert une cuisine simple et goûteuse. Pommes de terre rissolées, *sarde in saor* (sardines marinées), foie à la vénitienne et seiches à la polenta.

➔DÎNER

PLUS DE 50 €

18 **Osteria da Fiore** – C4 - *Calle del Scaleter, 2202/A - arrêt : S. Silvestro ou S. Stae - ✆ 041 721 308 - www.dafiore.net - fermé dim. et lun.* Aucun restaurant au monde ne peut, selon certains, rivaliser avec les crustacés et les poissons de Mara Zanetti – une étoile au Guide Michelin. Parmi les plats d'anthologie, les langoustines marinées à l'orange et au cèleri, accompagnées d'un sorbet à la tomate, et le risotto à la courge et à la truffe blanche d'Alba.

Santa Croce

➔DÉJEUNER

MOINS DE 25 €

5 **Al nono risorto** – D4 - *Sotoportego de Siora Bettina 2338 - arrêt : S. Stae - ✆ 041 524 11 69 - fermé merc. et jeu. midi*. La pizza au radis et gorgonzola, ou aux speck, tomates et mozzarella, est délicieuse, et les menus, à prix doux. Jeunes Vénitiens et touristes plébiscitent donc les lieux dès les beaux jours, dans le jardin où fleurit la glycine.

DE 25 À 50 €

6 **Vecio Fritolin** – D4 - *Calle della Regina 2262 - arrêt S. Stae - ✆ 041 522 28 81 - www.veciofritolin.it - fermé lun. et mar. midi*. Les marchands du Rialto connaissent bien Irina Freguia et ses lunettes rouges : elle fait le marché tous les jours et choisit les meilleurs produits frais. Poisson et cigale de mer, traités ici en vedette, et un pain maison qui fait le délice de clients comme François Pinault.

➔DÎNER

DE 25 À 50 €

20 **La Zucca** – C4 - *Ramo del Megio, Santa Croce 1762 - arrêt : San Stae - ✆ 041 52 41 570 - www.lazucca.it - fermé le dim.* Le légume, ici, est traité en roi : citrouilles, asperges et artichauts de primeur, venus tout droit des îles voisines. Goûtez aussi l'excellent lapin au *prosecco*.

21 **Il Refolo** – C4 - *Campiello del Piovan, Santa Croce 1459 - arrêt : Riva de Biasio - ✆ 041 524 00 16 - fermé lun. et mar. midi.* Le fils des propriétaires du célébrissime Da Fiore a ouvert, il y a quelques années, cet autre restaurant très recommandable. Savoureux carpaccio d'espadon et *spaghettoni* à la boutargue, et en été, une *pizza* au jambon de Parme et aux figues.

19 **Muro pizza & Cucina** – D4 - *Campiello dello Spezier 2048 - arrêt : S. Stae - ✆ 041 52 41 628 - www.murovenezia.com - fermé mar.* Un décor chocolat, où l'on déguste poissons, viandes « à la fiorentine » et de bonnes

pizze, dont une très originale, garnie de radis grillés, de ricotta fumée et de mozzarella.

Dorsoduro

➔DÉJEUNER

DE 25 À 50 €

7 **La Piscina** – C7 - *Pensione La Calcina - Fondamenta Zattera ai Gesuati 782 - arrêt : Zattere - ✆ 041 241 38 89 - fermé lun.* La famille Szemere gère avec autant d'amour son restaurant que sa charmante pension, La Calcina *(voir Se loger p. 21)*. Délicieux millefeuilles aux aubergines, tartes au riz et poivrons, sorbets ou glace à la noix, faits maison.

31 **Avogaria** – B6 - *Calle dell'Avogaria, Dorsoduro 1629- arrêt : S. Basilio - ✆ 041 296 04 91 - www.avogaria.com - fermé mar.* Ce joli resto branché au décor de brique, doté d'une petite terrasse intérieure, propose des spécialités végétariennes, de pâtes ou de poisson, ainsi que des brunchs et petits-déjeuners. Bon choix de vins italiens.

➔DÎNER

DE 25 À 50 €

22 **Agli Alboretti** – C6 - *Accademia Dorsoduro 882 - arrêt : Accademia - ✆ 041 522 99 37 - fermé merc. et jeu - résev. conseillée.* C'est dans une jolie salle et sur des nappes blanches que se dégustent, lentement, les *risotti* maison. Le lapin au vin Bardolino Chiaretto est, lui aussi, savoureux. Petit jardin pour l'été.

23 **Pane, vino e San Daniele** – B6 - *Campo dell'Angelo Raffaele 1722 - arrêt : S. Basilio - ✆ 041 523 74 56 - www.panevinoesandaniele.net - fermé le merc.* Des tables en bois égayées de fleurs des champs, où l'on se régale de jambon de San Daniele, d'agneau pré-salé, de lapin aux pignons et fenouil sauvage, le tout arrosé de vins du Frioul.

PLUS DE 50 €

24 **Lineadombra** – D7 - *Ponte dell'Umiltà 19 - arrêt : Salute - ✆ 041 241 18 81 - www.ristorantelineadombra.com - fermé mar.* Un bel endroit pour un tête-à-tête sur les quais, hors la foule. On y déguste, dans un décor épuré, une cuisine créative, aux accents siciliens. Très bon choix de vins.

Castello

➔DÉJEUNER

MOINS DE 25 €

9 **QCoffee** – E5 - *Campo S. Maria Formosa 5252 - arrêt : Rialto - ✆ 041 099 13 07 - fermé lun.* Ce restaurant atypique est logé dans le palais Querini-Stampalia. À la belle saison, pâtes fraîches et risotto au poisson sont servis dans le jardin créé par Mario Botta. Faut-il préciser que l'endroit est alors pris d'assaut ?

14 **Osteria de Bacco** – E5 - *Calle delle Rasse 4620 - arrêt : S. Zaccaria - ✆ 041 522 28 87.* À quelques pas de la place San Marco, une adresse idéale pour grignoter de délicieux panini, tramezzini et pizze, accompagnés d'un verre de vin. Ambiance locale et sympathique.

10 **Didovich** – E4 - *Campo S. Marina 5987/A - arrêt : Rialto - ✆ 041 523 91 81 - fermé dim.* À la fois boulangerie, pâtisserie, restaurant et café, et délicieusement authentique ! Gnocchis de pommes de terre, boulettes de

Le décor design du Centrale Restaurant Lounge (p. 24).

viande et lasagnes se dégustent sur un coin de toile cirée. Les tables sont rares, mais tentez votre chance !

DE 25 € À 50 €

⑪ Taverna San Lio – **E5** - *Salizada San Lio 5547/46 - arrêt : Rialto - ✆ 041 277 06 69 - www.tavernasanlio.com - fermé mar.* Ce restaurant joue la carte contemporaine chic mais pas trop. Selon les produits de saison, la cuisine revisite les spécialités vénitiennes, sans les ébouriffer : queues de langoustines, seiches à l'encre et polenta. Menu du midi intéressant.

PLUS DE 50 €

⑫ Corte Sconta – **F5** - *Calle del Pestrin 3886 - arrêt : Arsenale - ✆ 041 522 70 24 - fermé dim. et lun.* L'une des très bonnes tables de Venise. Le décor, à la fois rustique et soigné, sert d'écrin à une cuisine principalement de la mer. Les *antipasti* (hors d'œuvre) sont inoubliables, tout comme les crevettes à la coriandre et le sabayon chaud.

→DÎNER

PLUS DE 50 €

㉕ Met – **F5** - *Riva degli Schiavoni 4149 - arrêt : San Zaccaria - ✆ 041 524 00 34 - www.hotelmetropole.com - fermé lun.* Des ors et de la pourpre, pour la cuisine, inventive et étoilée , de Corrado Fasolato : terrine de foie gras d'oie au basilic, poivre et poudre de café, *fettuccine* de seiches à la carbonara.

㉖ Alle Testiere – **E5** - *Calle del Mondo Novo 5801 - arrêt : Rialto - ✆ 041 522 72 20 - www.osterialletestiere.it - fermé dim. et lun.* Une cuisine d'excellence, à la fois traditionnelle et créative, mitonnée par Bruno Gavagnin, tels les *gnochetti* aux calamars et à la cannelle. Pensez à réserver.

Cannaregio

→DÉJEUNER

DE 25 À 50 €

⑬ Ca' d'Oro Alla Vedova – **D4** - *Calle del Pistor 3912 - arrêt : Ca'd'Oro - ✆ 041 528 53 24 - fermé jeu. et dim. midi.* C'est sur un comptoir de bois et de marbre que Renzo et sa sœur Mirella régalent leurs convives de *polpette* (boulettes de viande épicées), de soupe aux tripes et de pâtes à l'encre de seiche.

→DÎNER

DE 25 À 50 €

㉗ Taverna del Campiello Remer – **E4** - *Corte del Remer 5701 - arrêt : Ca'd'Oro - ✆ 041 522 87 89 ou 036 961 502 79 (portable) - www.alremer.com - fermé merc. et dim. midi.* À deux pas du Rialto, ce restaurant fleure bon la vieille auberge avec ses cuivres et ses abat-jours de dentelle. Si à midi le jambon cru et les légumes marinés se savourent autour d'un buffet (20 €), on dîne le soir de viandes et de poissons grillés, sur un air de piano-jazz.

La Giudecca

→DÎNER

MOINS DE 25 €

㉘ Ristorante-Pizzeria Al Redentor – **D8** - *205 B Giudecca - arrêt : Redentore - ✆ 041 520 60 96 - fermé merc. ou dim. (nov.-mars).* Ce restaurant sans façon attire les touristes autant que les habitants de la Giudecca. La *pasta e* *fagioli* et le risotto au poisson figurent parmi les spécialités maison. *Pizze* à des prix très sages.

DE 25 À 50 €

㉙ **I Figli delle Stelle** – E4 - *Zitelle 70/71 - arrêt : Zitelle - ✆ 041 523 00 04 - www.ifiglidellestelle.it - réserv. conseillée.* Ce restaurant situé sur les quais milite pour une cuisine ultrafraîche. Originaire des Pouilles, le chef agrémente ses tagliatelles de queues de lotte et d'aubergines, et accompagne ses « biscuits de Cisternino », d'un petit verre de Primitivo dolce.

PLUS DE 50 €

㉚ **Harry's Dolci** – C7 - *Giudecca 773 - arrêt : S. Eufemia - ✆ 041 522 48 44 - fermé lun. soir et mar.* Créé, tout comme le Harry's Bar, par Arrigo Cipriani, ce salon de thé est devenu un restaurant select où l'on succombe au péché de gourmandise. Le club sandwich y est, dit-on, le meilleur du monde, de même que le carpaccio Cipriani et le gâteau au sabayon.

Burano

→DÉJEUNER

PLUS DE 50 €

⑮ **Al Gatto nero** – Hors plan - *Fondamenta Giudecca 88 - arrêt : Burano - ✆ 041 730 120 - www.gattonero.com - fermé lun.* Le meilleur de la lagune, concocté par Ruggero Bovo : polenta aux crevettes, seiches et risotto aux légumes cultivés dans les îles voisines. Ne manquez pas le « risotto aux *go* » (gobies), unique à Venise et ses îles.

Prendre un verre

San Marco

Harry's Bar – E6 - S. *Marco - Calle Vallaresso 1323 - arrêt : San Marco - ✆ 041 528 57 77 - www.harrysbarvenezia.com.* Le bar le plus légendaire de Venise, où toutes les célébrités se sont assises : Hemingway, Onassis, Woody Allen, Nicole Kidman… Incontournable, le Bellini, mélange de *prosecco* et de nectar de pêche. On peut faire suivre l'apéro de sandwichs aux crevettes, comme Truman Capote, ou de caviar et raviolis, comme l'Aga Khan !

Monaco e Grand Canal – E6 - *Calle Vallaresso 1332 - arrêt : Vallaresso - ✆ 041 520 02 11 - www.hotelmonaco.it.* C'est sur sa terrasse, au bord du Grand Canal, qu'il faut s'installer pour admirer la somptueuse église Santa Maria della Salute et, au loin, l'île San Giorgio. Aussi goûteux qu'au Harry's Bar, le Bellini est servi, comme l'Americano et le Negroni (Campari rouge, gin et vermouth), avec des amandes grillées et salées « maison ».

Caffè Quadri – E5 - *Piazza San Marco 121 - arrêt : Vallaresso - ✆ 041 522 21 05 - www.caffequadri.it - fermé lun. nov.-mars.* Un service affable et un orchestre de qualité maintiennent la réputation de ce café historique, qui abrite aussi un restaurant coté. Ornés de stucs, les petits salons ressuscitent l'esprit « boudoir ». Mais on peut préférer la terrasse pour découvrir le cocktail maison : Martini Dry, Porto blanc, Apérol, anisette et citron.

Florian – E5 - *Piazza San Marco 56-59 - arrêt : Vallaresso - ✆ 041 520 56 41 - www.caffeflorian.com.* Le plus ancien café de la ville conserve un charme exquis de bonbonnière, avec ses fresques et ses miroirs. Son salon chinois rappelle l'époque où l'on servait du Malvoisie et des vins d'Orient. Il serait dommage de quitter la Sérénissime sans avoir au moins goûté un capuccino (mousseux à souhait) en écoutant l'orchestre jouer, en saison, du Strauss ou des airs d'opéra.

Bacaro da Fiore – D6 - *Calle delle Boteghe 3461 - arrêt : Sant'Angelo - ✆ 041 523 53 10 - 9h-22h - fermé mar.* Ce petit « bacaro », associé à la trattoria voisine, est l'un des rendez-vous des Vénitiens, surtout en soirée. On boit du vin, discute et rit dans la rue devant le petit bar. Ambiance sympa au cœur du quartier San Stefano.

Bar Spritz – D5-6 - *Campiello Santo Stefano 3528 - arrêt : Sant'Angelo.* Proche des grandes terrasses du Campo San Stefano, cette petite cafétéria est installée discrètement à l'angle de la calle del Pestrin, sur le *campiello*, Les quelques tables en terrasse et à l'intérieur sont une invitation à observer la vie des Vénitiens dans ce lieu de passage entre les deux *campi*, tout en dégustant un capuccino accompagné d'une part de gâteau.

San Polo

Bancogiro – D4 - *Campo San Giacometto 122 - Ligne 1, arrêt Rialto Mercato - ✆ 041 523 20 61 - www.osteriabancogiro.it - fermé lun.* L'un des meilleurs bars à vins

Le bar du Palazzo Barbarigo (p. 32).

de la Sérénissime et aussi l'un des plus créatifs en matière de cuisine. Pas moins de 300 vins différents sont proposés ici outre, bien sûr, l'incontournable Spritz. On fera donc la fête aux coquilles Saint-Jacques servies crues, avec de la roquette et des canneberges, ainsi qu'aux cèpes frais et parmesan.

Cantina Do Mori – **D4** - *Calle dei Do Mori 429, Rialto - ✆ 041 522 54 01 - arrêt : Rialto - fermé le dim. et dès 20h.* Situé à quelques pas du marché, c'est, dit-on, le plus ancien *bàcaro* vénitien. Une clientèle à la fois populaire et bobo vient y déguster, le plus souvent au comptoir, un vin « maison » ou un cru bourgeois en grignotant des courgettes grillées, des langoustines ou, en saison, du museau agrémenté de haricots.

Naranzaria – **D5** - *Campo San Giacometto 130 - arrêt : Rialto Mercato - ✆ 041 724 10 35 - naranzaria.it - fermé lun.* Le comte Brandolini cultive des vignes dans le Frioul. La cave inclut donc certaines de ses étiquettes, avec un Chardonnay et Sauvignon choisis avec soin, tout comme les charcuteries et les poissons crus, travaillés par le chef japonais.

Muro Vino e Cucina – **D4** - *Rialto - San Polo 222 - arrêt : Rialto - ✆ 041 24 12 339 - www.murovinoecucina.it - fermé dim. matin.* Situé en plein cœur du Rialto, ce bar qui déborde largement sur le Campo Bella Vienna est l'un des points de rendez-vous préférés des Vénitiens à l'heure de l'apéritif. Jeunes et branchés s'y côtoient dans une atmosphère joyeuse et choisie. Aucune excuse, donc, pour ne pas venir y siroter un Spritz ou un *prosecco*.

Palazzo Barbarigo – **D5** - *Sestiere San Polo 2765 - arrêt : S. Tomà - ✆ 041 740 172.* Ce nouvel hôtel, situé au bord du Canal Grande, est un agréable lieu de rendez-vous pour un verre entre chien et loup. L'atmosphère chic, mais pas guindée, y favorise les conversations. Brochettes de fruits, fraises au vinaigre basalmique et *crostini* (croustillantes tartines) accompagnent l'apéritif maison à la pomme rouge. Le tout pour quelque 8 € !

Dorsoduro

Osteria Da Codroma – **B6** - *Fondamenta Briati 2540 - arrêt : S. Basilio - ✆ 041 524 67 89 - www.osteriadacodroma.it - lun.-jeu. 10h-20h, ven.-sam. 10h-22h - fermé le dim.* Très fréquenté par les étudiants, ce bar maintient des prix défiant toute concurrence. *Ombra* ou *Valpolicella* s'accompagnent de mini-pizze ou de boulettes de viande vendues à l'unité.

Il Caffé (Caffé Rosso)– **C5** - *Campo Santa Margharita 2963 - fermé dim.* Ce café est un lieu de rendez-vous des étudiants, temple de la musique reggae. Sa terrasse est idéale pour goûter à l'authenticité de ce *campo*, animé par les cafés et pizzerias et par les étals des marchands.

Bi-Locale – **C5** - *Calle Foscari 3255 - arrêt : Ca'Rezzonico - ✆ 320 161 32 73.* Cette cafétéria sympathique pose ses chaises et tables sur la petite place voisine à la belle saison. Un endroit agréable où faire une pause avec un café ou un verre de vin.

Castello

⑩ **Danieli** – **E6** - *Riva degli Schiavoni 4196 - arrêt : S. Zaccaria -*

☏ 041 522 64 80 - www.starwoodhotels.com/danieli. L'ancienne résidence du doge Dandolo, aux marbres roses et plafonds peints, n'a rien perdu de sa superbe. Au rez-de-chaussée, le bar Dandolo *(9h15-1h15)* vous permettra d'apprécier la sublime architecture gothique du hall de l'hôtel. Atmosphère très élégante, pour un petit-déjeuner le matin, un thé gourmand à 16h ou pour déguster le cocktail Doge ou le Vesper Martini de James Bond le soir. La terrasse sur le toit du palace vous accueille l'après-midi pour un rafraîchissement avec vue sur la lagune *(mai-sept. : 15h30-18h30).*

Cannaregio

La Cantina – C2 - *Strada Nuova 3689 - arrêt : Cà d'Oro - ☏ 041 522 82 58 - fermé dim.* Francesco choisit avec le même soin ses vins, ses fromages et les poissons qu'il cuisine pour ses clients. Ses habitués viennent autant pour sa Morgana, la bière maison, que pour ses vins suaves ou son Champagne, qu'il sabre volontiers. Il serait dommage de ne pas accompagner l'un de ses excellents crus de quelques huîtres ou œufs de caille.

Skyline – B7 - *Molino Stucky Hilton - Giudecca 810 - arrêt : Palanca - ☏ 041 272 33 11 - fermé lun. de nov. à févr.* Ouvertes sur la lagune et la ville de Marghera, ou sur le bassin de San Marco, les deux terrasses de l'hôtel Hilton jouissent d'une vue imprenable. Le spectacle est encore plus magique sous le soleil couchant. Quelques fraises et fruits des bois accompagnent votre cocktail sans alcool ou votre Gin Fizz.

Sortir

San Marco

La Fenice – D6 - *San Marco 1965 - Campo San Fantin - arrêt : S. Maria del Giglio - ☏ Call center : 041 24 24 - www.teatrolafenice.it.* Les meilleurs chefs d'orchestre et solistes viennent jouer ici : inutile donc de se présenter au dernier moment pour acheter des places pour *La Tosca*. Pour les concerts de musique de chambre, c'est un peu plus facile. Le répertoire, très large, inclut volontiers des œuvres contemporaines de Britten ou Schoenberg.

Chiesa di San Vidal – D6 - *San Marco 2862/B - arrêt : Accademia - ☏ 041 277 05 61 - www.interpretiveneziani.com.* Cette église est le fief des *Interpreti Veneziani*, le meilleur groupe de musique de chambre établi dans la Cité des Doges. Vivaldi, Albinoni, Tartini, Corelli : le répertoire reste surtout baroque, du lundi au samedi. Réservations conseillées le jeudi et le samedi soir.

Musica a Palazzo – D6 - *San Marco 2504 - Palazzo Barbarigo-Minotto - Fondamenta Duodo Barbarigo - arrêt :*

S. Maria del Giglio - ✆ 340 971 72 72 (portable)- www.musicapalazzo.com. Les grands opéras italiens, interprétés ici en petite formation. On captera le charme de cette façon, légère, de revisiter la musique dans le cadre de salons bourgeois ouverts sur le Grand Canal. Programmation assez figée, où la *Traviata*, les *Duos d'Amour* et *Le Barbier de Séville* sont joués à jours fixes.

Scuola Grande di San Teodoro – D5 - *Campo San Salvador - San Marco - arrêt : Rialto - ✆ 041 521 02 94 - www.imusiciveneziani.com.* Spécialisé dans les airs opéra, l'orchestre *I Musici Veneziani* interprète chaque soir (sauf lundi), en costumes du 18e s., des grands classiques du répertoire. Mozart y tutoie Verdi, Donizetti voisine avec Bellini, Vivaldi avec Pachelbel… Pour les amateurs d'images d'Épinal.

San Polo

Scuola Grande di San Rocco – C5 - *San Polo 3052 - arrêt : San Tomà - ✆ 041 523 48 64 - www.scuolagrandesanrocco.it.* L'opulence de cette église, peinte par Tintoret, ajoute au plaisir d'écouter un concert. Divers ensembles se produisent ici pendant l'année.

Palazzetto Bru Zane – C5 - Centre de musique romantique française – *Campiello Forner, San Polo 2368 - arrêt : San Tomà - ✆ 041 52 11 005 - www.bru-zane.com.* À deux pas de S. Rocco, le Palazzetto Bru Zane, de la fin du 17e s., perpétue sa vocation musicale grâce à un programme de concerts très intéressant. Pour son acoustique magnifique, la grande salle a été décrite comme le « Stradivarius des salles de concert ».

Shopping

San Marco

ÉPICERIE

Salumeria S. Marco – D6 - *San Marco 1580 - Calle Vallaresso - ✆ 041 522 25 27.* Située derrière la Poste, cette « charcuterie » est surtout une petite épicerie bien pratique pour se ravitailler du côté de la place San Marco. Boissons fraîches, bouteilles de vin, jambons, fromages, biscuits, etc. Vous trouverez ce qu'il faut pour préparer un excellent pique-nique à petit prix ; le patron peut même vous composer des sandwichs.

PARFUMERIE

Officina Profumo Farmaceutica di Santa Maria Novella – C-D5 - *San Marco 3149 - Salizada di S. Samuele - arrêt : S. Samuele - ✆ 041 522 08 14 - www.smnovella.it.* Difficile de comparer cette charmante officine avec la boutique mère à Florence.
À défaut d'herboristerie, vous trouverez ici des cartes de papier à parfumer et à glisser entre deux vêtements, et la

fameuse Eau Santa Maria Novella, créée pour Catherine de Médicis.

TEXTILE, MAISON

Chiarastella Cattana – D5 - *San Marco, 3357 (S. Samuele) - arrêt : S. Samuele - ☏ 041 522 43 69 - www.chiarastellacattana.it - fermé dim.* En lin et coton, le linge de maison, fabriqué avec soin dans la région du Trentino, est imprimé de dessins délicats, classiques ou plus contemporains. Quatre-vingt-neuf coloris pour trouver la nappe ou le coussin de ses rêves.

Venetia Studium – D6 - *San Marco 2425 - Calle delle Ostreghe - arrêt : Santa Maria del Giglio - ☏ 041 523 69 53 - www.venetiastudium.com.* Coussins et tissus précieux ont fait de cette enseigne, implantée dans divers quartiers de la ville, une étape obligée du shopping à Venise. Les velours et les imprimés, réalisés à la main, évoquent avec style les fastes de la Renaissance. Les lampes Fortuny ressuscitent l'Orient de Pierre Loti. Rançon du succès, l'accueil est quelquefois négligent.

L'Isola, show room Carlo Moretti – D6 - *San Marco 1468 - Campo San Moisè - arrêt : Vallaresso - ☏ 041 523 19 73 - www.lisola.com.* Entre Art et Design, Carlo et Giovanni Moretti réinventent l'art de la table. Tout est superbe : les vases sphériques, les verres à eau et à vin, où la transparence se mêle au noir de jais. Compter 90 € le verre.

PHOTOGRAPHIE

Jarach Gallery – D5 - S. *Marco 1997 - Campo San Fantin - arrêt : Madonna del Giglio - ☏ 041 522 19 38 - www.jarachgallery.com - fermé dim. et lun. et le matin.* À deux pas de la Fenice, cette galerie d'art contemporain fait découvrir le meilleur de la photographie, italienne et internationale. Au fil des expositions mensuelles, vous pourrez admirer et acquérir les œuvres de Davide Bertocchi, Davide Balliano, Robert Polidori ou Guido Guidi.

BIJOUX

Antonia Miletto – C6 - *San Marco 3208/A - Salizada Malipiero - arrêt : S. Samuele - ☏ 041 520 51 77 - www.antoniamiletto.com - fermé dim. et lun.* Cette jeune créatrice impose son style dans une ville très jalouse de ses traditions. Vous trouverez dans cette nouvelle boutique de Saint-Marc d'étonnantes bagues-poisson en résine, et des bijoux en ébène ou en macassar sertis d'émeraudes ou de diamants.

MODE

Maliparmi – D5 - *San Marco 4600/A - Calle del Teatro - arrêt : Rialto - ☏ 041 528 56 08 - www.maliparmi.it.* Une marque de prêt-à-porter féminin qui monte, monte... Exubérant mais pas excentrique, le style de Maliparmi se reconnaît au premier coup d'œil. Les imprimés sont colorés, et les finitions, très soignées.

VERRE DE MURANO

Claudio Gianolla – D6 - *San Marco 2766 - Calle Spezier - arrêt : Accademia ou S. Samuele - ☏ 041 521 26 52 - www.gianollavetroantico.it - fermé dim.* Spécialisé dans le verre de Murano, ce très courtois et discret antiquaire détient parmi les plus belles pièces produites dans la lagune, du 19e s. à 1960. Des dragons et dauphins de

Salviati côtoient des vases des frères Toso (1910) ou des œuvres plus massives d'avant-guerre.

Marina e Susanna Sent – D6 - *San Marco 2090 - Ponte San Moisè - arrêt : Vallaresso - ✆ 041 520 40 14 - www.marinaesusannasent.com.* Résolument contemporaines, les créations des sœurs Sent gardent du verre ce qu'il a de plus beau : sa transparence. Leurs colliers-bulles de savon semblent jouer les funambules, accrochés à un fil de nylon. D'autres bijoux, rouges et noirs, fardent le cou très joliment. *Show room* à l'atelier de Murano (fermé le dim.).

Venini – E5 - *San Marco 314 - Piazzetta dei Leoncini - arrêt : S. Zaccaria - ✆ 041 522 40 45 - www.venini.it.* L'un des plus grands noms du verre. Ettore Sottsass, Gae Aulenti, Gio Ponti et autres architectes ou designers majeurs ont mis leur talent au service de cette maison d'exception. Vases en verre opalin, bicolore, ou suspensions éthérées, tout est superbe. *Show room* à Murano *(fermé le dim.).*

PAPIERS MARBRÉS

Legatoria Piazzesi – D6 - *San Marco 2511/C - Camplello della Feltrina - arrêt : S. Maria del Giglio - ✆ 041 522 12 02 ou 348 144 53 67 (portable) - fermé dim.* Les papiers marbrés sont superbes mais leur fabrication artisanale prend du temps. Le plus ancien magasin de papier créé en Italie cesse donc lui aussi, peu à peu, cette production. Les collectionneurs trouveront encore toutefois de superbes feuilles imprimées à la main avec de vieux blocs en bois.

Castello

AQUARELLES, PETITS TABLEAUX...

Itaca Art Studio – E5 - *Castello, 5267/A - Calle delle Bande - arrêt : Rialto ou San Marco - ✆ 041 520 32 07 - www.itacaartstudio.com.* Un tout petit atelier plein de couleur, où vous vous laisserez inspirer par les atmosphères magiques et un peu naïves de Venise, créées par Monica Martin. Vous y trouverez très probablement un joli souvenir pour vous ou des idées cadeaux originales.

San Polo

MODE

Kirikù – D5 - *San Polo 1465 - Calle de la Madoneta - ✆ 041 296 06 19 - arrêt : San Silvestro.* Caracos gris souris ou jupes Liberty, les vêtements de créateurs pour enfants, édités par cette enseigne, sont bien dans l'air du temps. Ni trop sages ni trop fous. La collection « Femme » est tout aussi juste, avec ses robes en lin ou ses sandales au chic épuré.

Fanny – C5 - S. *Polo 27/23 - Calle dei Saoneri - arrêt : S. Tomà - ✆ 041 522 82 66.* Ultraféminins et hauts en couleur, les gants de Fanny réveillent n'importe quel manteau ou veste. Les plus classiques préfèreront l'uni. Les autres, les pois ou les modèles doublés d'anguille. Mais le chic du chic reste ce modèle tourterelle et rose poudré, inspiré de Mademoiselle Chanel.

BIJOUX

Zazù – C5 - *San Polo 2750 - Calle dei Saoneri - arrêt : S. Tomà - ✆ 041 715 426 - fermé dim. et lun.* La boutique de Federica Zamboni ne ressemble à

Les volutes du papier marbré.

aucune autre. Les bijoux orientaux voisinent sans fausse note avec de somptueux vêtements de créateurs proposés en séries limitées ou en pièces uniques.

GASTRONOMIE

VizioVirtù – D5 - *San Polo 2898/A - Calle del Campaniel - arrêt : S. Tomà - ☎ 041 275 01 49 - www.viziovirtu.com.* Impossible de ne pas fondre pour les fruits confits et les ganaches de Mariangela ! Les diététiques sont eux aussi à la fête avec des tablettes de chocolat fabriquées à leur intention. Pensez aux pots de *gelatina* au *lambrusco* ou au *prosecco* : elles feront merveille avec un morceau de fromage.

Aliani Gastronomia – D4 - *San Polo 654/655 - Ruga Vecchia di S. Giovanni - arrêt : Rialto Mercato - ☎ 041 522 49 13 - fermé dim. et lun.* Vous trouverez ici le meilleur de l'Italie gourmande : côté charcuteries, le *Culatello di Parma* et la selle de cochon au poivre ; côté fromages, le *Monte Veronese* fera vos délices l'été et le *Panerone*, au lait cru et au goût un peu amer, l'hiver.

MAISON

Sabbie e Nebbie – C5 - *S. Polo 2768/A - Calle dei Nomboli - ☎ 041 719 073 - arrêt : S. Tomà - fermé le dim.* Maria Teresa Laghi a l'art de faire converser l'Orient et l'Occident. Céramiques japonaises et italiennes sont choisies avec un goût très sûr. On emporterait tout : les carnets en cuir et bois signés Pinetti Design, comme la vaisselle de Rina Menardi.

MASQUE

Tragicomica – C5 - *San Polo 2800 - Calle dei Nomboli - arrêt : S. Tomà - ☎ 041 721 102.* Réalisés artisanalement, les masques de Pulcinella et Colombine font de bien jolis cadeaux-souvenirs. La boutique loue et vend aussi un grand choix de costumes : habit de page, tenue d'Arlequin, robe Renaissance.

Santa Croce

PAPIERS

Cartavenezia – D4 - *Santa Croce 2125 - Campo Santa Maria Mater Domini - arrêt : San Stae - ☎ 041 524 12 83 - www.cartavenezia.it - fermé dim.* Voisine du Campo Santa Maria Mater Domini, cette boutique joue le contre-emploi. Pas de papiers chamarrés, comme ailleurs, mais des répertoires et des albums photos blancs ou ivoire. Seule fantaisie, les anges et camées imprimés en relief sur les couvertures. On peut feuilleter, mais après avoir revêtu les gants blancs mis à la disposition des clients…

Dorsoduro

PAPIERS

Il Pavone – D6 - *Dorsoduro 721 - Fondamenta Venier - arrêt : Accademia - ☎ 041 523 45 17.* La fabrication du papier à la cuve disparaissant peu à peu, Fabio Pelosin a abandonné cet artisanat pour proposer des objets accessibles au plus grand nombre. Boîtes, tee-shirts et sacs sont imprimés à la main, avec des timbres en bois. Beaucoup de couleurs, des angelots, des fleurs et, bien sûr, le lion de Saint-Marc !

DESIGN

Madera – C6 - *Dorsoduro 2762 - Campo San Barnaba - arrêt : Ca'Rezzonico - ✆ 041 522 41 81 - www.maderavenezia.it.* Tournée vers un design fonctionnel, cette boutique fait un peu cavalier seul à Venise. De très beaux saladiers en bois de cyprès, signés Erminio Scortegagna, voisinent avec des plats et couverts de Francesca Meratti, la propriétaire du lieu, et des pots de Toni Renzo. Côté mode, les bijoux colorés des créatrices répondent aux sacs d'Elena Zuin.

Cannaregio

BIJOUX

Lala – D4 - *Cannaregio 4290 - arrêt : Ca'd'Oro - ✆ 041 523 77 95 - fermé vend. en début de soirée au sam. en début de soirée.* Des bijoux à tout petits prix. Les Japonais, comme certains Vénitiens d'ailleurs, en raffolent. Beaucoup de pendentifs cœurs, nœufs sertis de strass. Une autre boutique à Saint-Marc.

GASTRONOMIE

Pastificio Giacomo Rizzo – D-E4 - *Cannaregio 5778 - Salizada S. Giovanni Crisostomo - arrêt : Rialto - ✆ 041 522 28 24 - fermé dim.* Pâtes au citron, à l'oignon, au noir de seiche et au poivre vert. Polenta à la truffe, vinaigres balsamiques et ravioli frais au curry : les tentations sont nombreuses. Inutile en revanche de chercher les pâtes au curaçao bleu : Giacomo Rizzo a stoppé leur production.

Dolceria delle Maschere – D4 - *Cannaregio 4383 - Strada Nova - ✆ 041 520 13 25 - www.dolceriadellemaschere.com.* Parmi les nombreuses pâtisseries qui ont pignon sur rue, cette boutique élégante aux couleurs de la Commedia dell'Arte vous invite à déguster ses biscuits et confiseries. Une fois que vous les aurez goûtés, vous aurez bien du mal à résister à la gourmandise !

GRAND MAGASIN

Coin – E4 - *Cannaregio 5787 - arrêt : Rialto - ✆ 041 520 35 81.* Le seul grand magasin de Venise vient de faire peau neuve. On y trouve lingerie, vêtements, parfumerie et articles pour la maison. La sélection est courte mais plutôt jolie. Côté déco, jolis vases et céramiques, et passementerie un peu moins chère qu'en France.

ANTIQUITÉS

Antichità San Basso – E4 - *Cannaregio, 6066 - Campo S. Maria Nova – Chiesa dei Miracoli - arrêt : Rialto - ✆ 041 522 40 20 - fermé dim.* Ce magasin abrite mille et un trésors : tableaux, miroirs baroques, éventails et petits sacs en perles typiquement vénitiens. Quelques objets des années 1960-70 sont quelquefois également exposés.

Les coupoles de la basilique Saint-Marc.

X. Richer / Photonon

Visiter Venise

Venise aujourd'hui

Loin des clichés

Toute tentative de décrire les multiples visages de Venise se heurterait à l'échec si l'on partait de l'idée erronée qu'il s'agit d'une ville musée. Vous pourrez facilement le vérifier, en arpentant les marchés du **Rialto**, gavé de harangues et de parfums, les quartiers populaires de **Cannaregio** ou de **San Pietro**, ou en sautant dans un *vaporetto*, aux heures de pointe, chargé de grappes humaines. Historiquement, Venise est la capitale d'une région, naguère rurale, aujourd'hui industrialisée. La Venise actuelle est une cité d'environ 60 000 habitants et la métropole d'une lagune où vivent plus de 270 000 personnes. Le mouvement de dépeuplement du centre historique au profit de la terre ferme a des causes historiques (les vagues d'émigration qui ont suivi la chute de la Sérénissime *(voir Pour en savoir plus, p. 111)* et accompagné les crises politiques du 19e s.) et économiques (l'attirance de la Lombardie industrielle). Il persiste aujourd'hui en raison du fossé entre le prix exorbitant des logements et leur caractère vétuste. De plus, la ville manque cruellement de moyens, tant pour son entretien au quotidien (propreté des canaux et des rues) que pour la rénovation des fondations des immeubles ou la lutte contre la pollution. Si l'État contribuait pour beaucoup au budget de la ville, les économies imposées par la situation des finances italiennes ont tari cette manne. À cela s'ajoute le fait que les casinos, qui constituaient une importante source de revenus, n'attirent plus la clientèle aisée et le célèbre casino du **Lido** a même fermé. Conséquences : la municipalité, qui n'a plus les moyens d'entretenir son patrimoine, cède nombre de palaces à des fondations et entrepreneurs privés : ainsi la Fondation Pinault a-t-elle remis en état la **Dogana da Mar** pour y installer sa collection d'art, l'Hôtel des Bains du Lido, lui, a été transformé en complexe d'appartements de luxe. Cela conduit à une étrange juxtaposition entre l'ancien et le nouveau, le populaire et le luxe : immeubles usés par le temps et musées défraîchis cohabitent avec des palaces étincelants, les boutiques Prada, Gucci, Vuiton voisinent avec des échoppes où l'on vend le vin au bidon, les files de gondoles occupées par des touristes sont bousculées par les vagues des bateaux-taxis menant une clientèle chic à leurs hôtels, les diables et chariots chargés de matériaux de construction, se frayent un chemin dans les rues encombrées de visiteurs. De ces oppositions, Venise fait son charme et le voyageur, quels que soient ses désirs trouvera dans la ville de quoi le satisfaire. Car si la ville est toujours en effervescence, elle recèle aussi des *campi* calmes et des petites rues tranquilles où il fait bon se perdre. À vrai dire, la meilleure façon de découvrir Venise, est d'accepter qu'elle est, par essence, une ville touristique sans pour autant s'y réduire. Alors vivons-la de l'intérieur et acceptons de ne jamais la connaître tout à fait...

Vivre Venise

Il existe une autre Venise, que l'on peut toucher du doigt en choisissant d'errer dans le dédale des ruelles. Il ne faut pas se contenter de visiter la ville, d'église en église, de palais en musée, même si certains comptent parmi les plus beaux au monde, tel l'**Accademia**. Pour découvrir l'autre Venise, il vaut mieux errer dans le dédale des ruelles, se résoudre à ne jamais très bien savoir où l'on va, ni même pouvoir retrouver par où l'on est passé. Il suffit de répondre aux invites discrètes : se faufiler sous un *sottoportego* ou dans une *calle*, attiré par une odeur, une couleur, quelques notes de musique, la découpe d'une fenêtre, la promesse d'un pont, la lumière d'un canal. C'est s'arrêter sur un *campiello* pour profiter du soleil à la terrasse d'un café, regarder les enfants du quartier jouer après l'école. C'est prêter attention aux bruissements de Venise : le tintement des cloches, le bruit des pas d'un promeneur, le clapotis de l'eau d'un rio sur lequel une gondole passe doucement, le fracas des roulettes d'un diable occupé à quelque livraison.

Les Vénitiens

Ici ou là, à peine à l'écart des *calli* qui charrient les flots quotidiens de touristes, vous rencontrerez l'« homme de la rue », le passant prêt à raconter de savoureuses anecdotes, qu'il s'agisse de l'employé qui travaille dans un somptueux palais dont il souhaite faire partager l'histoire passionnante, ou du curé qui vous conduira au fond de sa sacristie pour vous montrer qu'une thèse universitaire a été écrite sur « son » église. Et que dire des habitants qui, les soirs d'été, dans les *campi* ombragés comme San Giacomo dell'Orio ou San Polo, viennent prendre le frais sur un banc, en s'adonnant à la **ciàcola** (causette), ce plaisir de la palabre ? Chaque Vénitien constitue à sa manière *le* Vénitien. Chacun concourt à composer cette personnalité kaléidoscope, échappant à toute définition. Avec cependant cette constance dans le caractère : un sens de l'humour renforcé par un flegme imperturbable. Ce qui n'empêche pas les Vénitiens d'être passionnés, prêts à prendre parti avec véhémence sur tout ce qui touche de près ou de loin à la lagune : qu'il s'agisse du **projet MOSE** *(voir Pour en savoir plus, p. 107)*, de la résurrection de la Fenice ou de la tour de l'Horloge, récemment débarrassée de ses façades après des années de restauration. Chacun donne son avis, dans un phrasé particulier, un dialecte coloré, le venexiàn *(voir Pour en savoir plus, p. 121)*. Non sans fierté. Comment en serait-il autrement quand on est l'héritier d'une histoire grandiose ? Une fierté qui se pique d'une tolérance née de siècles de contacts et de cohabitation avec des gens issus d'horizons les plus divers, négociants et marins, artistes et touristes d'hier et d'aujourd'hui.

Le Grand Canal★★★

Pour Venise, qui semble surgir des eaux mais repose en fait sur de nombreux îlots, le Grand Canal constitue l'artère principale de la cité. Il est aussi la meilleure terrasse pour découvrir les palais miroitant dans la lagune.

➔**Accès :** Les accès indiqués sont ceux desservis par la ligne 1 du *vaporetto*.
➔**Conseil :** La lumière arrosant le Grand Canal est la plus belle tôt le matin et en début de soirée. Avis aux photographes ! Vous éviterez ainsi la foule et pourrez vous installer près du bastinguage du *vaporetto* ou, encore mieux, à l'une des rares places assises situées à la proue de l'embarcation. Comptez 35 à 40mn pour un trajet.

Dessinant un S inversé dont les points d'inflexion se situent à hauteur du Rialto et de Ca'Foscari, le Grand Canal, long de 3,8 km et d'une largeur variant de 30 à 70 m pour une profondeur moyenne de 5,5 m, n'est en aucun cas un passage « obligé ». Mais une balade en *vaporetto* constitue une fascinante entrée en matière pour découvrir la Sérénissime. Les palais aux couleurs vives et resplendissant de mille dorures qui ouvrent sur le Grand Canal reflètent le caractère joyeux et optimiste des Vénitiens, qui n'ont jamais connu de siècle obscur, même au Moyen Âge, qui imposa partout ailleurs la nécessité d'ériger d'austères forteresses.

DE PIAZZALE ROMA À SAN MARCO

Piazzale Roma B4-5

À droite. Arrêt du même nom. Le terminal des autobus, bordé de parkings, n'offre d'autre intérêt que de vous permettre de vous installer confortablement dans le *vaporetto* partant en direction de San Marco/Lido. Dessiné par l'architecte espagnol Santiago Calatrava, un quatrième pont (« della Costituzione », ou « di Calatrava »), de verre et d'acier, permet aux piétons de rallier la gare depuis le piazzale.

Ferrovia di Santa Lucia B4

(Gare de Santa Lucia)
À gauche. Arrêt Ferrovia. La « porte de service », comme l'appelait Gustav von Aschenbach, héros malheureux de *Mort à Venise* de Thomas Mann, a longtemps marqué l'entrée des visiteurs dans la ville depuis la construction de la gare en 1860. Le bâtiment actuel date de 1954.

Palazzo Labia★★ C3

À gauche. Face à l'arrêt Riva de Biasio. Construite à la fin du 17e s., un peu en retrait du Grand Canal, cette élégante demeure présente une façade à bossages au rez-de-chaussée, et des pilastres ioniques et corinthiens aux deux étages supérieurs, dont les grandes fenêtres sont dotées de balcons. Les aigles sous le toit sont l'emblème de la famille Labia *(voir aussi p. 92)*.

La plus belle artère de la ville est animée d'une intense circulation.

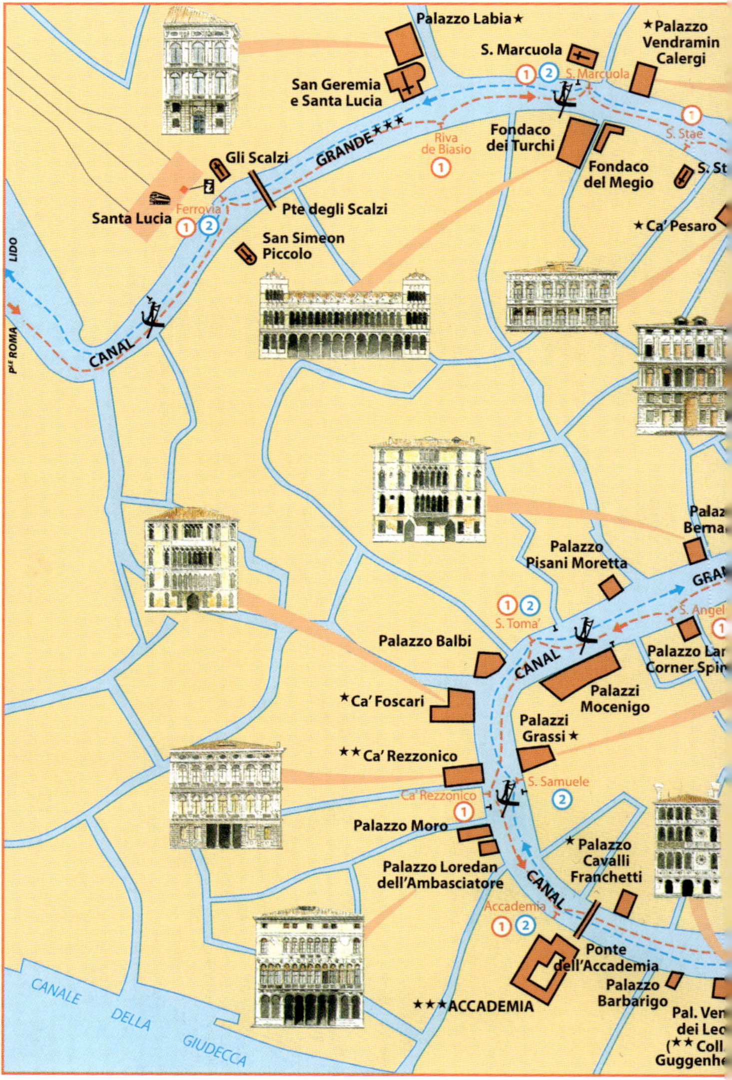
Palazzo Labia ★
S. Marcuola
★Palazzo Vendramin Calergi
San Geremia e Santa Lucia
S. Marcuola
S. Stae
GRANDE ★★★
Riva de Biasio
Fondaco dei Turchi
Fondaco del Megio
Gli Scalzi
Santa Lucia
Ferrovia
Pte degli Scalzi
San Simeon Piccolo
★ Ca' Pesaro
LIDO
P.le ROMA
CANAL
Palazzo Pisani Moretta
S. Tomà
Palazzo Balbi
CANAL
S. Angel
Palazzo Lar Corner Spir
Palazzi Mocenigo
★ Ca' Foscari
Palazzi Grassi ★
★★ Ca' Rezzonico
S. Samuele
Ca' Rezzonico
Palazzo Moro
Palazzo Loredan dell'Ambasciatore
★ Palazzo Cavalli Franchetti
CANAL
Accademia
Ponte dell'Accademia
Palazzo Barbarigo
★★★ACCADEMIA
CANALE DELLA GIUDECCA
Pal. Ven dei Leo (★★ Coll. Guggenhe

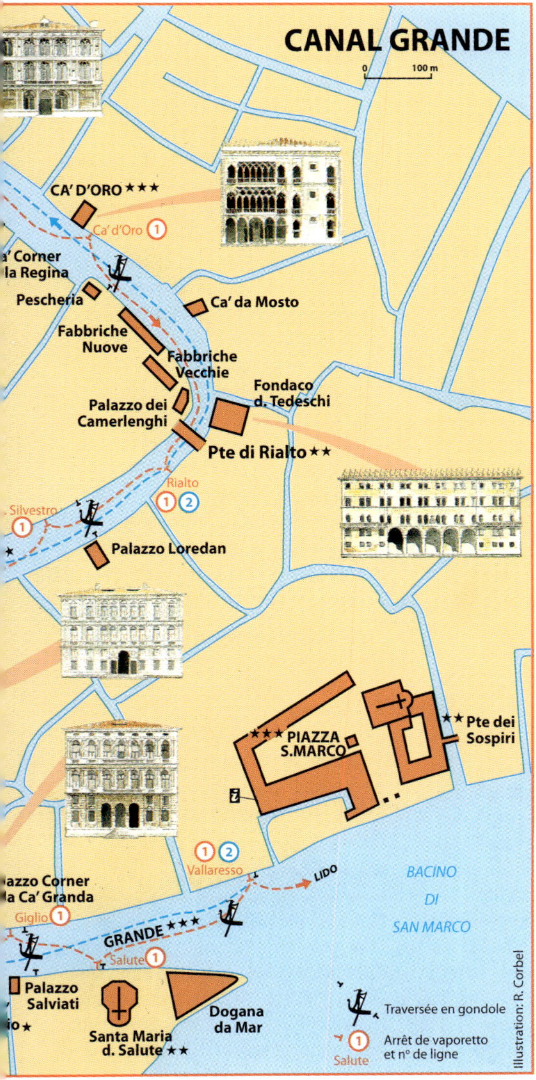
CANAL GRANDE
0
100 m
CA' D'ORO ★★★
Ca' d'Oro 1
'Corner
la Regina
Pescheria
Ca' da Mosto
Fabbriche
Nuove
Fabbriche
Vecchie
Fondaco
d. Tedeschi
Palazzo dei
Camerlenghi
Pte di Rialto ★★
Rialto
1 2
Silvestro
1
Palazzo Loredan
★★★ PIAZZA
S.MARCO
★★ Pte dei
Sospiri
1 2
Vallaresso
LIDO
BACINO
DI
SAN MARCO
azzo Corner
la Ca' Granda
Giglio 1
GRANDE ★★★
Salute 1
Palazzo
Salviati
o ★
Santa Maria
d. Salute ★★
Dogana
da Mar
Traversée en gondole
1
Salute
Arrêt de vaporetto
et n° de ligne
Illustration: R. Corbel

Fondaco dei Turchi C4

À droite. Face à l'arrêt S. Marcuola. Restauré au 19e s. et abritant désormais le musée d'histoire naturelle *(voir p. 70)*, ce bâtiment de style vénéto-byzantin fut conçu au 13e s., pour le négoce comme en témoigne l'entrepôt au niveau du canal. Sa façade présente une véritable dentelle d'arcatures, coiffée de gracieux merlons en bordure du toit. Il doit son nom aux marchands turcs, actifs de 1621 à 1828.

Palazzo Vendramin Calergi★ D3

À gauche. Arrêt San Marcuola. Commandé par la noble famille Loredan à l'architecte **Mauro Codussi** qui y travailla entre 1502 et 1504, ce palais Renaissance, orné de fenêtres géminées de style composite, constitue un magnifique exemple de réinterprétation des architectures byzantine et gothique. Cédé à la Commune en 1946, il abrite le **Casino** municipal.

Ca' Pesaro★ D4

À droite. Arrêt Santa Stae. Ce palais, commencé par **Baldassare Longhena** (1598-1682) et achevé après sa mort par **Antonio Gaspari** (vers 1670-vers 1730), présente un rez-de-chaussée à bossages en pointe de diamant, orné à sa base de têtes de lions. Aux deuxième et troisième étages, de grandes fenêtres en plein cintre séparées par des colonnes ouvrent sur un balcon. Le palais abrite aujourd'hui le musée d'Art oriental et la galerie internationale d'Art moderne *(voir p. 70)*.

Ca'd'Oro★★★ D4

À gauche. Arrêt du même nom. Rendue à ses fastes d'antan après une longue restauration achevée en 1995 (bien qu'elle ne reluise plus des dorures qui la caractérisaient lorsqu'elle fut élevée au 15e s.), la façade de ce superbe palais de style gothique fleuri est ouverte d'arcades au ras de l'eau, rappelant la double fonction d'habitation et d'entrepôt. Aux étages supérieurs, deux loggias sont « fermées » par des fenêtres à baies multiples aux arcs entrecroisés et quadrilobés. Curieusement, l'ouverture n'est pas centrée. La partie droite présente un mur plein et des fenêtres à simple baie. Les angles sont rehaussés de cordons de marbre entrelacés. Le palais abrite la collection réunie par son dernier propriétaire, le baron **Giorgio Franchetti** *(voir p. 89)*.

Pescherìa D4

(Poissonnerie)
À droite. Arrêt Mercato. Les arcades de cet édifice néogothique, construit au début du 20e s., sont envahies presque tous les matins par les étals du **marché aux poissons** *(voir aussi p. 69)*.

Fabbriche Nuove D4

À droite. Arrêt Mercato. Longues et monotones, ces **Nouvelles Fabriques**, dues à Jacopo Sansovino (1486-1570), se situent dans la courbe que décrit le Grand Canal. Ses arcades à bossage servaient à entreposer des marchandises, tandis que la partie haute abritait le tribunal de commerce. En semaine, les maraîchers y déploient leurs étals *(voir aussi p. 69)*.

Ca'da Mosto D4

À gauche. Arrêt Ca' d'Oro ou Rialto. Dans cette demeure du 13e s. de style vénéto-byzantin naquit **Alvise da Mosto** (1432-1488), célèbre pour avoir navigué le long des côtes occidentales de l'Afrique et atteint les îles du Cap-Vert. Les arcades du palais révèlent comme à la Ca'd'Oro, sa double fonction d'habitation et d'entrepôt.
La fenêtre à baies multiples du premier étage est décorée de patères dans sa partie supérieure. Du 15e au 18e s., le palais abrita le Leon Bianco, le plus bel hôtel de Venise.

Fabbriche Vecchie D4

À droite. Après l'arrêt Mercato.
Détruit par un incendie, il fut reconstruit par Scarpagnino au 16e s. Séparées du canal par un espace dévolu le matin au marché aux primeurs et certains soirs à des festivités, les **Anciennes Fabriques** reposent elles aussi sur une série d'arcades abritant aujourd'hui une poignée de bars à vins *(voir aussi p. 69)*.

Ponte di Rialto★★ D5

Arrêt Rialto. On l'appelait, à l'origine (1170), « pont de la Monnaie » en raison de sa proximité avec l'hôtel de la Monnaie. La version actuelle est la sixième et la première en pierre, du lien le plus important entre les deux rives du Grand Canal. Œuvre d'**Antonio Da Ponte**, il fut inauguré en 1591. Douze arcades doubles disposées symétriquement abritent des boutiques initialement réservées aux activités bancaires et financières *(voir aussi p. 69)*.

Palazzi Mocenigo C5

Avant la dernière boucle, à gauche, face à l'arrêt San Tomà. Il s'agit en fait de quatre palais disposés côte à côte. Le premier, où l'on remarque deux blasons en marbre, fut reconstruit en 1579 d'après un projet attribué à Alessandro Vittoria. Identiques, les deux suivants datent de la fin du 16e s., tandis que le dernier, appelé la « Vieille Maison », était un édifice gothique qui subit une restructuration dans la première moitié du 17e s., sous la direction de Francesco Contin.
Cet ensemble abrita le philosophe **Giordano Bruno** (1548-1600), ainsi que le poète britannique **lord Byron** (1788-1824). Ce dernier rentrait souvent au palais à la nage, parfois depuis le Lido !

Ca' Foscari★ C5

À droite. Après l'arrêt San Tomà.
Situé à l'intersection du rio du même nom et du Grand Canal, ce palais présente une façade parfaitement symétrique, percée de trois groupes de fenêtres à baies multiples superposées. Succédant à un palais précédent, un peu plus éloigné de la rive, il fut construit au milieu du 15e s. dans un style gothique, où l'on note des influences de la première Renaissance, comme le bas-relief en marbre situé au-dessus de

la fenêtre à baies multiples du second étage. C'est aujourd'hui le siège central de l'Université.

Palazzo Grassi★ C6

À gauche. Face à l'arrêt Ca'Rezzonico.
Aujourd'hui concédé à la Fondation Pinault *(voir p. 68)*, il fut construit au 18e s. dans un style presque néoclassique par **Giorgio Massari**, qui signa ainsi le dernier grand palais de la Sérénissime avant la chute de la République. Prenant appui sur un haut soubassement à bossages (comprenant le rez-de-canal et l'entresol), le décor de façade présente des fenêtres en plein cintre au premier étage, et à frontons triangulaires au second *(voir aussi p. 68)*.

Ca' Rezzonico★★ C6

À droite. Arrêt du même nom.
Dernier palais conçu par **Longhena**, il n'était élevé que jusqu'au premier étage à la mort de l'artiste et fut achevé par **Giorgio Massari**. Le rez-de-chaussée, à bossages, est rythmé par des colonnes engagées dont on retrouve l'écho au premier étage, où la décoration est particulièrement riche, de même qu'au second. Ces deux niveaux sont dotés de vastes balcons. Ce palais abrite aujourd'hui un musée consacré au 18e s. vénitien *(voir p. 81)*.

Palazzo Moro C6

À droite. Après l'arrêt Ca'Rezzonico.
Ce palais du 16e s., simple et austère, appartenait à une famille originaire de Morée (Péloponnèse) qui donna quelques doges et un certain Cristoforo Moro, époux malheureux de Desdemona Barbarigo : ce drame inspira en 1609 à Shakespeare son Othello. Le palais se situe au-delà du rio Malpaga, sur lequel ouvre le charmant petit palais Stern dont le jardin donne sur le Grand Canal.

Galleria dell'Accademia★★★ C6

(Galeries de l'Académie)
À droite. Arrêt Accademia.
L'ancienne Scuola Grande della Carità (gothique mais dotée d'une façade du 18e s.) et l'église attenante (construite entre 1441 et 1452, probablement d'après un projet de Bartolomeo Bon), abritent l'Académie des beaux-arts depuis le début du 19e s. *(voir p. 74)*.

Ponte dell'Accademia C6

Arrêt Accademia.
Ce haut pont de bois est la copie de celui qui a été lancé sur le canal en 1932 par **Eugenio Miozzi**, pour remplacer une première version, tout de fer, réalisée en 1854 par l'ingénieur anglais **Alfred Neville**. La hauteur réduite ne facilitant pas le passage des *vaporetti*, il dut donc être remplacé.

Palazzo Cavalli Franchetti★ C-D6

À gauche. Après l'arrêt Accademia.
Bâti dans la seconde moitié du 15e s., il présente une noble façade délicatement ajourée de fenêtres à cinq baies, ornées d'arcatures entrecroisées et de motifs quadrilobés. Il fut transformé à la fin

Une calle menant au Grand Canal.

du 19e s. par **Camillo Boito**, le frère du musicien, librettiste et dramaturge padouan **Arrigo Boito** (1842-1912).

Palazzo Barbarigo D6

À droite. Après l'arrêt Accademia. Les mosaïques, qui décorent la façade de ce palais du 16e s. et représentent Charles Quint dans l'atelier de Titien et Henri III à Murano, ont été réalisées par la « Compagnie Venise et Murano », entreprise de verrerie d'art et de mosaïques qui restaura l'édifice à la fin du 19e s.

Palazzo Corner della Ca'Granda D6

À gauche. Entre les arrêts Accademia et Giglio. Siège de la Préfecture, ce palais Renaissance fut conçu par Sansovino pour le neveu de la reine de Chypre, **Caterina Cornaro**. Le rez-de-chaussée à bossages s'ouvre au centre par trois arcades monumentales. Les fenêtres en plein cintre des étages supérieurs alternent avec des colonnes géminées.

Ca' Dario★ D6

À droite. Face à l'arrêt Giglio. Ce petit palais de la fin du 15e s. bénéficie d'une décoration raffinée en marbre polychrome. Construit par les Lombardo pour **Giovanni Dario**, secrétaire du Sénat de la République auprès du sultan, ce bâtiment est enveloppé d'une aura sinistre en raison de la mort violente de plusieurs de ses propriétaires… « malédiction » qui semble épargner leurs invités puisque l'écrivain français **Henri de Régnier** (1864-1936) y vécut sans éprouver apparemment le besoin de mettre fin à ses jours.

Santa Maria della Salute★★ D6

À droite. Arrêt Salute. L'imposante masse blanche de cette église de l'architecte vénitien Baldassare Longhena se remarque de loin. Elle se signale par ses grandes volutes en aileron, nommées *orecchioni* (grandes oreilles), et fut construite pour exaucer un vœu formulé par le doge dans le but de conjurer l'épidémie de peste qui sévit dans la cité en 1630 *(voir photo p. 75)*.

Dogana da Mar

(Douane de Mer) D6

À droite. Entre l'arrêt Salute et Vallaresso. Jadis, les marchandises étaient déchargées sur cette proue formée par la pointe du quartier de Dorsoduro où l'on payait l'octroi (d'où son nom). Datant de la seconde moitié du 17e s., la construction qui s'y élève est coiffée d'une tour au sommet de laquelle deux atlantes soutiennent le Globe et une allégorie de la Fortune. Reconvertie, la douane abrite désormais la collection d'art contemporain de F. Pinault *(voir p. 78)*.

San Marco★★★

Au cœur de la légende vénitienne, au bord de la lagune, le quartier de San Marco concentre les merveilles de la cité, entre la basilique, le palais des Doges, le campanile et ses élégants cafés. C'est là un triomphe de l'art et du bon goût.

➔**Accès :** Station S. Marco Vallaresso ou S. Zaccaria *(voir plan p. 56)*.
➔**Conseil :** Si ce quartier recèle de lieux à visiter, ne manquez pas le Palais des Doges, qui permet d'entrer dans l'histoire de la ville et de découvrir le système politique - quelque peu complexe - de la République de Venise. En outre, pour profiter pleinement de la place, mieux vaut s'y rendre aux aurores: calme, lumière et féerie garantis.

C'est par la lagune qu'il faut aborder la place emblématique de la Sérénissime. Débarquant du *vaporetto* sur la rive à l'arrêt San Zaccaria ou à San Marco Vallaresso, vous découvrez peu à peu ce miracle d'architecture, de couleurs et de lumière avec les deux colonnes marquant l'accès à la place, les dentelles de pierre du palais des Doges, la haute silhouette du campanile et bien entendu la fabuleuse basilique Saint-Marc.

Piazzetta San Marco E6

Cette branche de la place Saint-Marc, entre le palais des Doges et la bibliothèque Sansoviniana, ouvre sur la lagune par un somptueux portail formé par les deux **colonnes** en granit de **Marc** et **Théodore**, rapportées d'Orient en 1172 mais d'origine incertaine. Le lion, que les Vénitiens considèrent comme « leur » évangéliste, pourrait être une chimère. Sur la droite, la Piazzetta est bordée par le palais des Doges, et sur la gauche, par la Bibliothèque nationale Marciana (de Saint-Marc) à l'angle de laquelle se dresse le campanile.

Piazza San Marco E5-6

Cet ensemble architectural exceptionnel est véritablement un symbole de la Sérénissime. Tout ici n'est que grâce et beauté et, tandis que les touristes sont en admiration, les Vénitiens qui y semblent habitués vaquent à leurs occupations. Le vaste espace trapézoïdal (176 m de long et 82 m de largeur maximale) est harmonieusement encadré par les portiques des Procuraties, destinées à l'origine à loger les procurateurs de Saint-Marc : au nord, les **Anciennes Procuraties** font face aux **Nouvelles Procuraties**. Du côté ouest, l'**Aile napoléonienne** qui les relie fut élevée dans le style néoclassique au début du 19e s. sur ordre de Napoléon à l'emplacement de l'église San Geminiano qui avait été reconstruite par Sansovino au 16e s. N'en témoignent aujourd'hui que le célèbre plan de **De'Barbari** *(visible au musée Correr, voir p. 64)* et les représentations d'Antonio Visentini et de Vincenzo Coronelli.

Procuratie Nuove E6

(Nouvelles Procuraties)
C'est à **Scamozzi** (1552-1616) que l'on doit le projet de ce qui fut le second siège des procurateurs et remplaça l'hospice Orseolo. Longhena acheva leur construction dans la première moitié du 17e s. Sous Napoléon, ces bâtiments prirent le nom de Palazzo Reale. Sous les arcades de l'Aile napoléonienne s'ouvre l'entrée du **musée Correr★★** *(voir p. 64)*.

Procuratie Vecchie E5

(Anciennes Procuraties)
À l'origine (12e s.) résidence des procurateurs, ces loggias étaient de style vénéto-byzantin. Elles furent rebâties, jusqu'au premier étage, par **Mauro Codussi** (vers 1440-1504). En 1512, après un incendie ravageur, la reconstruction fut confiée à **Bartolomeo Bon** et au **Bergamasque**. Sansovino (1486-1570) paracheva le travail en 1532. Couronnées d'un motif crénelé semblable à celui du palais des Doges, elles dévoilent un portique à cinquante arcades et deux étages de loggias continues, inspirées du schéma vénéto-byzantin.

Torre dell'Orologio E5

(Tour de l'Horloge)
✆ + 0039 041 42 73 08 92 (en dehors d'Italie) ; 848 08 20 00 (centre d'appel) - www.visitmuve.it - billet et réserv. obligatoire au guichet du musée Correr (voir p. 64) - visite guidée en français lun.-merc. (14h et 15h), jeu.-dim. (10h et 11h) - fermé 25 déc., 1er janv. et 1er mai - 12 € (billet combiné avec Museo Correr, Museo Archeologico Nazionale et Sala Monumentali della Biblioteca Marciana).
Dans le prolongement des Anciennes Procuraties. Érigée entre 1496 et 1499 sur un projet de **Mauro Codussi**, la tour de l'Horloge constitue l'entrée des **Mercerie**. L'imposant cadran astronomique attire peut-être moins l'attention que les deux Maures vêtus d'une peau de mouton qui, au sommet de la tour, sonnent les heures en frappant de leur maillet une grosse cloche. Au-dessous, le lion de saint Marc trône sur un fond étoilé. En contrebas, remarquez la Vierge et l'Enfant, devant lesquels défilent, le jour de l'Ascension et le 6 janvier, les statues mécaniques des Rois mages. À gauche, les chiffres romains indiquent les heures et, sur la droite, les minutes s'égrènent par

Les cafés de San Marco

*Sous les arcades des Anciennes Procuraties, le **Caffè Quadri**, ouvert par Giorgio Quadri en 1775 comme café turc, fait pendant au célèbre **Caffè Florian**, inauguré en 1720, dont le nom est lié à son premier propriétaire, Floriano Francesconi. Les guéridons de ce « salon », dont la décoration a été réalisée en 1858 par Ludovico Cadorin, ont vu défiler tout ce que Venise compta d'illustres visiteurs.*

Détail de la façade de la basilique Saint Marc avec le Lion ailé de Venise.

PAX VAN
IBI GELI
MEVS

Calle dei Fabbri
Calle Fiubera
Rio delle Procuratie
Merceria d. Orologio
C. larga San Marco
Calle de Canonica
Rio di Palazzo
Fond. Sta Apollonia
Palazzo Patriarcale
Torre dell'Orologio
Piazzetta dei Leoncini
Calle del Cavalletto
Caffè Quadri
BASILICA DI SAN MARCO
Museo Diocesano di Arte Sacra
Bacino Orseolo
Procuratie Vecchie
Campanile
Loggetta
Ponte dei Sospiri
PIAZZA SAN MARCO
PALAZZO DUCALE
Prigioni Nuove
Museo Correr
Ala nuovissima o napoleonica
Museo archeologico
Piazzetta San Marco
Caffè Florian
Pte d. Paglia
Molo
Procuratie Nuove
Biblioteca Marciana
Colonna di San Marco
Colonna di Todaro
Rio dei Giardinetti
Giardini reali
Calle Vallaresso
BACINO DI SAN MARCO
N
TEATRO RIDOTTO
Harry's Bar
S. MARCO (Giardinetti)
3
4
VALLARESSO
1
82
N
PIAZZA SAN MARCO
0
70 m

tranches de cinq minutes.

Piazzetta dei Leoncini E5

Sur la gauche de la façade de la basilique.
Andrea Tirali réalisa le pavement de cet appendice de la piazza, appelée piazzetta dei Leoncini (des petits lions), avec l'installation des deux lions de **Giovanni Bonazza** (1654-1736). Vous fréquenterez cette place avant la découverte de la basilique Saint-Marc pour déposer vos sacs à la consigne, installée dans l'ancienne église San Basso.

Basilica San Marco★★★ E5

(Basilique Saint-Marc)

www.basilicasanmarco.it - 9h45-16h ou 17h, dim. et jours fériés 14h-16h ou 17h - entrée libre. Pala d'Oro 2 €, Trésor 3 €. Consigne gratuite (1h) et obligatoire dans l'Ateneo San Basso, piazzetta dei Leoncini. L'intérieur est éclairé de 11h30 à 12h30, heure de grande affluence mais aussi le moment de loin le plus spectaculaire. Il reste allumé le samedi apr.-midi, les dimanches et jours de fête.

Éblouissante à toute heure, la basilique, où se mêlent influences orientales et occidentales, découpe dans le ciel ses cinq dômes byzantins à bulbe du 13e s. : l'un central, entouré des quatre autres dômes d'inégale hauteur au-dessus des bras, le tout posé sur un plan en forme de croix grecque. Mais l'émerveillement de tout visiteur est également lié au décor de marbre et de **mosaïque**.

L'édifice fut commencé peu après l'an 1000, le corps de saint Marc y fut miraculeusement retrouvé lors de sa consécration en 1094.

La **façade** s'ouvre par cinq portails ornés de marbres et de sculptures. Des copies des quatre célèbres **chevaux de bronze** remplacent les originaux (situés dans la galerie de la basilique) sur la balustrade au-dessus du portail central, à trois arcs ornés de bas-reliefs romano-byzantins (sur la première arcade gauche est représentée la translation du corps de saint Marc). Sur le côté droit, à hauteur de l'angle vers le palais, le groupe des **Tétrarques★** (4e s.), en porphyre, semble saisi d'inquiétude sous le coup d'une sentence tombée de la toute proche « Pierre du ban », d'où les lois étaient proclamées. À gauche s'ouvre la piazzetta dei Leoncini.

Atrium – Prélude au « récit » des mosaïques intérieures, celles de l'atrium représentent des scènes de l'Ancien Testament. De l'atrium, on accède à la **galerie** et au **musée de Saint-Marc**, où sont exposés les **chevaux de bronze doré★★** *(voir p. 60)*.

Intérieur – On demeure frappé tant par la luminosité des mosaïques, dont les premières (1071) furent créées par les mosaïstes de Constantinople, que par le pavement (12e s.), à motifs animaliers et géométriques, ondulé par les jeux du terrain. Autour du maître-autel, le *presbiterio* surélevé est séparé de la grande nef par une iconostase. Derrière, un ciborium, soutenu par des **colonnes d'albâtre★★**, précède le **retable d'or★★★** *(Pala d'oro)*, chef-d'œuvre de l'orfèvrerie gothique commencé au 10e s. Le maître-autel renferme la dépouille de

Les mots de l'ange

« Pax tibi, Marce, evangelista meus. Hic requiescet corpus tuum » *(Paix à toi, ô Marc, mon évangéliste. Ici repose ton corps) : tels sont les mots qu'aurait prononcés l'ange, qui apparut à saint Marc au cours du voyage qui le conduisait d'Aquilée à Rome, alors qu'il se trouvait à proximité de l'actuel quartier du Rialto. Il faudra attendre encore près de huit siècles avant que cette prophétie ne se réalise. Depuis lors, le lion de saint Marc (symbole de l'évangéliste) est devenu pour le monde entier l'emblème par excellence de Venise.*

saint Marc.
L'ornementation faite de mosaïques évoque des scènes du Nouveau Testament, depuis la coupole de l'abside, portant le Christ triomphant, jusqu'au-dessus de l'atrium, où figure le Jugement dernier. Au grand arc de l'Apocalypse, le premier en entrant, sont retracées les visions du texte de saint Jean. La coupole la plus proche du portail représente la Pentecôte. En se dirigeant vers la coupole centrale, le grand arc occidental offre une synthèse de l'histoire de la Passion et de la mort du Christ. Sur l'arc sud, qui conduit au croisillon droit, on peut voir les tentations de Jésus, l'entrée à Jérusalem, la Cène et le Lavement de pieds. À la coupole centrale, dite de l'Ascension, figurent les Apôtres et la Vierge, les Vertus et les Béatitudes. Un Christ bénissant domine la scène. La coupole surmontant le *presbiterio* représente l'Avent, les prophètes annonçant l'arrivée du Messie. Les mosaïques de l'arc nord qui conduit au croisillon gauche, ont été réalisées d'après des cartons du Tintoret *(Saint Michel à l'épée dégainée, La Cène, Les Noces de Cana)* et de Véronèse *(Guérison des lépreux)*. Sur la coupole de saint Jean l'Évangéliste, dans le croisillon droit : le *Sermon sur la montagne* et des scènes de la vie de saint Jean. De là, on gagne le **trésor★**, comprenant des reliquaires, objets et ornements liturgiques, certains issus de la prise de Constantinople (1204). Le **Baptistère** *(réservé à la prière, accès par la travée sud)* est distribué en trois parties.
Du 14ᵉ s., les mosaïques relatent des épisodes de la vie de saint Jean-Baptiste et de l'enfance de Jésus. On remarquera surtout la célèbre danse de Salomé. Les fonts baptismaux sont de Jacopo Tatti dit le Sansovino, enseveli au pied de l'autel.

Loggia dei Cavalli e Museo Marciano E5

(Loggia et musée de Saint-Marc)
9h45-16h45 - www.museosanmarco.it - 5 €. Ouverte sur la basilique, la galerie à laquelle on accède une fois passée la boutique permet d'apprécier certains détails des mosaïques que vous aurez pu admirer dans la basilique. Cette galerie donne accès à la **Loggia dei Cavalli**, ornée depuis 1977 de répliques des célèbres chevaux de bronze, et qui procure des **vues exceptionnelles**

La piazzetta San Marco et le palais des Doges.

Jadis, le campanile…

*Pendant le Carnaval, le doge assistait traditionnellement, le jeudi gras, à l'*Envol de l'ange *ou du* Turc *: un équilibriste se laissait descendre, le long d'une corde tendue, depuis le clocheton jusqu'à une embarcation ou la loggia du palais des Doges. Tout aussi prisé, le* Supplice de la cheba *offrait un autre genre de spectacle : les prêtres accusés de blasphème étaient enfermés dans une cage suspendue dans le vide.*

sur l'animation de la place Saint-Marc (attention toutefois au sol, pas toujours très égal…).

Le musée présente des maquettes architecturales, des bas-reliefs, des tapisseries et des fragments de mosaïques, dont la finesse et la minutie de l'art font ressortir ombres et reliefs. Les pièces maîtresses du musée sont les **chevaux en bronze doré★★**, dont la datation a suscité des contradictions, certains y voyant un produit de l'art grec, du 4e ou du 3e s. av. J.-C. Or, la datation au carbone 14, effectuée lors des derniers travaux de restauration, a révélé une expression de l'art romain datant du 2e ou 3e s. de notre ère.

Campanile★★ E5

San Marco - www.basilicasanmarco.it - Pâques-juin et oct. 9h-19h, juil.-sept. 9h-21h, reste de l'année 9h30-15h45 - 8 €.

Sa reconstruction au début du 20e s. reste fidèle au modèle original du 16e s., en brique, dû à **Bartolomeo Bon** (actif à Venise 1463-1529). Haut de 96 m, couronné par un ange doré qui, tournant au gré du vent, en indique la direction, il est surnommé El Paron de Casa (le « maître de céans »). Les chroniques rapportent que pour son inauguration « on l'aspergea de vin et de lait en signe d'allégresse ». Ses cinq cloches rythmaient la vie de la cité : seule à être demeurée intacte lors de l'écroulement de 1902, la cloche principale, la **Marangona**, qui sonnait l'heure à laquelle les *marangoni* (charpentiers) débutaient et terminaient leur labeur, annonçait également les réunions du Grand Conseil. Le second appel était confié à la **Trottiera**, qui invitait les nobles à « trotter » en direction du palais. La **Nona** sonnait à midi. La **Mezza Terza**, dite aussi des Pregadi, annonçait les réunions du Sénat. La plus sinistre était la **Renghiera**, ou Maleficio, car elle précédait une exécution capitale. Le campanile présente une section carrée, rythmée par des pilastres méplats et un clocheton percé d'arcades, sur lequel s'appuie un socle cubique réalisant la jonction avec la flèche.

Loggetta Sansoviniana – Servant d'entrée au campanile, elle fut construite de 1537 à 1549 pour abriter la garde du doge en lieu et place des boutiques en bois qui s'appuyaient contre la tour. Richement décoré, l'édifice possède trois arcades flanquées de colonnes encadrant des niches. Elles contiennent les statues de Minerve, d'Apollon, de Mercure et de la Paix. Au-dessus, des reliefs représentent, de gauche à droite, *L'Île de Candie*, *Venise symbolisée par la Justice* et *L'Île de Chypre*. La terrasse est bordée d'une balustrade dont la grille centrale en bronze fut dessinée par Antonio Gai (1686-1769). Depuis le sommet, on jouit aujourd'hui du « privilège » d'admirer une **vue★★** qui s'étend du canal de la Giudecca au Grand Canal et glisse au-dessus de milliers de toits, de cheminées et d'*altane* (terrasses), pour atteindre les îles de la lagune.

Palazzo Ducale★★★ E5-6

(Palais des Doges)

Piazzetta S. Marco, 1 (entrée pour le public Porta del Frumento) - ✆ 041 27 15 911 - www.visitmuve.it - ♿ - avr.-oct. : 8h30-19h ; nov.-mars 8h30-17h30 - la billetterie ferme 30mn av. - fermé 25 déc. et 1er janv. - 16 € (billet combiné avec les musées de la place San Marco) ou Museum Pass.

Symbole de la gloire et de la puissance vénitienne, résidence des Doges, siège du gouvernement, d'un tribunal et d'une prison d'état, il fut construit au 12e s. puis transformé entre la fin du 13e et le 16e s. Le décor géométrique, fait de marbres blancs et roses, donne beaucoup de charme aux deux **façades**. Aux angles du palais, des sculptures représentent, de gauche à droite, le **Jugement de Salomon** (dû sans doute à Bartolomeo Bon), Adam et Ève, et l'**Ivresse de Noé** (sculptures gothiques des 14e et 15e s.). La galerie du premier étage présente un délicat travail à motifs quadrilobés. De style gothique flamboyant (1442), la **porte du Papier★★** *(Porta della Carta)*, ainsi nommée en référence aux copistes et aux archives, sert d'entrée principale. Au tympan, le doge Foscari s'agenouille devant le lion de saint Marc. Parvenu sous le portique Foscari, on se trouve face à l'escalier des Géants, qui se distingue par les statues de Mars et de Neptune, œuvres de Sansovino.

Intérieur – La visite du palais commence en haut de l'**escalier d'Or** de Sansovino, par les appartements privés des doges (*1er étage à gauche*). La **salle du Bouclier** en est la pièce principale, avec ses globes et ses cartes murales du 18e s. Dans la salle Grimani, on peut admirer le tableau du *Lion de St-Marc* de **Vittore Carpaccio** et dans la salle Erizzo, le portrait par **le Tintoret** du roi de France Henri III lors de son passage à Venise en 1574. Depuis la salle des Philosophes, un escalier discret s'ouvre à droite: montez deux marches

Les « Bouches du Lion »

Cette « boîte aux dénonciations » a contribué à la légende noire qui entoure le Conseil des Dix. Il faut savoir cependant que cet organe de répression agissait selon des procédures d'une extrême minutie avant de condamner qui que ce soit et qu'il ne pouvait prendre de décision sans la présence d'un des ***avogadori del comun*** *qui avaient le pouvoir de suspendre une décision jugée injuste.*

et retournez-vous pour admirer saint Christophe par **Titien**. *Pietà* de Bellini dans la salle des Portraits.
L'escalier d'or mène ensuite à la **salle des Quatre Portes**, où les ambassadeurs attendaient d'être reçus par le doge (*Venise qui reçoit de Neptune les dons de la mer* de Tiepolo). Les salles qu'on traverse, détruites lors des incendies de 1574 et 1577, furent redécorées par les plus grands artistes de l'époque (Véronèse, Titien, Bellini, le Tintoret, Palladio, etc.). Dans la **salle de l'Anticollège**, antichambre des ambassades et des délégations, remarquez *L'enlèvement d'Europe* de Véronèse. Le doge présidait aux réunions dans la **salle du Collège**. La **salle du Sénat** est dite des **Pregadi** car les membres du Sénat étaient « priés » de participer aux réunions. La **salle du Conseil des Dix** accueillait les réunions de cette magistrature extraordinaire chargée de sauvegarder les institutions et qui disposait d'une police secrète. La **salle de la Porte-Tambour** servait de salle d'attente aux personnes convoquées par ce Conseil.

La **salle d'armes** présente une vaste collection d'armes et armures 15e-17e s. Dans la **salle du Grand Conseil** (1 300 m^2), se déroulaient les séances de l'assemblée, chargée d'élire presque tous les fonctionnaires – dont le doge – de la République *(voir encadré ci-dessous)*. Parmi les toiles et les portraits des 76 doges figure **Le Paradis** du Tintoret. La visite se poursuit par la salle du Scrutin, où se déroulaient les votes. Dans la dernière salle sont exposés un tryptique de **Jérôme Bosch** et une représentation de *L'Enfer* d'Enrico Van Bles detto il Civetta (16e s.). Les **Nouvelles Prisons**, au-delà du Pont des Soupirs, comportent trois niveaux de cellules. La visite finit par plusieurs salles dont la **salle des Censeurs**, où siégeait un tribunal de justice, et la **salle de l'Avogaria** (les trois *avogadori* étaient des avocats de l'État chargés de veiller au respect des lois). Les registres de l'aristocratie se trouvaient dans la **salle du Coffret**.
Itinerari segreti (Itinéraires secrets) – *Visite guidée (1h15) en français 10h20 et 12h - ✆ 041 42 73 08 92 (en*

Le Grand Conseil

À la tête de la République, c'était l'institution de référence. Il réunissait en son sein toutes les fonctions de l'État, promulguait les lois et désignait les personnalités les plus importantes de Venise. Lorsqu'il se réunissait, le spectacle offert par la salle du palais des Doges où se tenait l'assemblée était exceptionnel : le doge présidait, assis au centre du Tribunal, également appelé Bancale di San Marco, *tandis que les membres de la noblesse prenaient place sur des sièges situés le long des murs et sur des bancs, disposés parallèlement et dont les files s'étendaient sur toute la longueur de la salle.*

Le célèbre Pont des Soupirs.

dehors de l'Italie), 848 08 20 00 (centre d'appel) ou sur internet (+0,50 €) : www. visitmuve.it - 20 € ; 14 € pour les détenteurs du billet combiné des musées de la place San Marco ou du Museum Pass.
Se succèdent le petit bureau du Grand Chancelier (rassemblant les archives générales de la Sérénissime) ; la salle de la Cancelleria Segreta, rappelant le pont d'un navire, aux murs couverts de boiseries ; la salle des tortures, rappelant l'intransigeance de la République pour tout ce qui touchait à sa sécurité et à son prestige ; et les prisons, avec les *Pozzi* (les puits) d'une part, au rez-de-chaussée, humides, et les *Piombi* (les plombs) d'autre part, placés sous les toits, écrasés par la chaleur. Au-dessus de la salle du Grand Conseil, la vaste charpente en mélèze constitue l'un des moments forts de la visite, qui s'achève par la salle des Trois Inquisiteurs (chargés de juger les crimes contre l'État), dont le plafond est orné de toiles du Tintoret.

Ponte dei Sospiri★★ E5

(Pont des Soupirs)
Cette arche en pierre d'Istrie relie le palais des Doges aux Nouvelles Prisons. Sa construction remonte au dogat de **Marino Grimani** (1595-1605) dont elle porte le blason. Elle doit son nom, selon la littérature romantique, aux plaintes que les condamnés poussaient en contemplant pour la dernière fois la lagune du haut de ses fenêtres ajourées.

Museo Correr★★ E6

Piazzetta San Marco, 52 (entrée pour le public piazza San Marco, Ala Napoleonica, Scalone monumentale) - www.visitmuve.it - avr.-oct. : 10h-19h ; nov.-mars : 10h-17h - la billetterie ferme 1h av. - fermé 25 déc. et 1er janv. - 16 € (billet combiné avec les musées de la place San Marco) ou Museum Pass.
Il doit son nom à **Teodoro Correr** (1750-1830), gentilhomme qui légua à Venise sa riche collection, liée à l'histoire et à l'art de la Sérénissime. Il intègre désormais différents départements, son parcours conduisant de l'Aile napoléonienne à la Bibliothèque, à travers les Procuratie Nuove.
Dans les premières salles, au sein du **Palais royal néoclassique**, passé la loggia napoléonienne dotée d'une vue privilégiée sur la place Saint-Marc, sont exposées des sculptures d'**Antonio Canova** (parmi lesquelles, vous admirerez surtout les groupes harmonieux de Dédale et Icare).
Les salles suivantes plongent le visiteur dans l'histoire, petite et grande, et la vie quotidienne de la cité des doges.
À la **bibliothèque Pisani de San Vidal**, au mobilier « architectural » datant du 17e s., succèdent une importante **collection numismatique** (la quasi-totalité des pièces frappées par la République), des maquettes de bateaux rappelant la puissance maritime de Venise, des armes et des armures, une évocation des fêtes vénitiennes, des arts et métiers. Les salles suivantes font partie du musée archéologique.
Au deuxième étage, les **Grandes collections d'art** rassemblent notamment des œuvres de **Pieter Bruegel le Jeune** (*Adoration des Mages*), de **Cosmè Tura** (*Pietà*), de

Giovanni Bellini (*Madone, Crucifixion*), de **Lorenzo Lotto** (*Saint Antoine de Padoue*), d'Alvise Vivarini, de Cima da Conegliano, et de **Vittore Carpaccio** (*Deux Dames vénitiennes*, qui, vues par l'artiste, ne manquent pas d'un certain ridicule). Cette promenade à travers la Renaissance s'achève dans la bibliothèque Manin, après quelques épigones de Bellini, des peintres d'icônes grecs des 16e et 17e s. et une collection de faïences.

Museo Archeologico E6

Piazzetta San Marco, 17 (entrée par le museo Correr)- www.visitmuve.it - avr.-oct. : 10h-19h ; nov.-mars : 10h-17h - fermé 25 déc. et 1er janv. - 16 € (billet combiné avec les musées de la place San Marco) ou Museum Pass. Situé au premier étage du museo Correr, il contient des sculptures grecques et romaines, des vestiges égyptiens et une collection numismatique. Le parcours débute par les statues Grimani, les plus précieuses du musée (originaux grecs des 5e-4e s. av. J.-C.), et d'autres sculptures de la même période, passe par la loggia des épigraphes grecques, ainsi que par la collection des monnaies anciennes. La visite se poursuit par des œuvres de l'âge classique et de la période hellénistique, des sculptures de petit format, depuis Alexandre le Grand au 1er s. av. J.-C., puis aborde l'art de Pergame (3e et 2e s. av. J.-C.), des bustes de l'époque romaine (depuis la fin de la République jusqu'au 3e s.), des épigraphes latines et crétoises, des antiquités égyptiennes et assyro-babyloniennes, des vases chypriotes et mycéniens, des céramiques paléovénitiennes et des buccheros étrusques (céramique noire).
Le prolongement du musée archéologique s'ouvre sur la **Biblioteca nazionale Marciana★**. Elle abrite notamment le **Salone Sansoviniano**, conçu par Sansovino en 1537-1560. Le plafond décoré de grotesques sur fond or, œuvre de Giovan Battista Franco, comporte 21 médaillons représentant des sujets mythologiques, les Vertus et les Métiers. Les artistes de ce véritable « manifeste du maniérisme à Venise » sont Giovanni De Mio (1510-1570), auteur de la première triade (lire les médaillons en commençant par l'entrée, puis en reculant vers le Musée archéologique), Giuseppe Porta, dit **le Salviati**, auteur de la deuxième, G.-B. Franco de la troisième, Giulio Licinio (1527-1593), dont le troisième médaillon, en mauvais état, fut remplacé par celui de Bernardo Strozzi (1581-1644) qui y illustra la *Sculpture*, Giambattista Zelotti (1526-1578), dont le troisième panneau connut le même sort et fut remplacé par *Le Nil, l'Atlas, la Géométrie et l'Astrologie* de Padovanino (1588-1648), Véronèse, et enfin Andrea Schiavone. Les murs du salon s'ornent de portraits de philosophes exécutés par Véronèse, le Tintoret, Schiavone, le Salviati, Franco et Lambert Sustris (1515/1520 - après 1568). Prolongeant le salon sur votre droite, le vestibule, jadis destiné à abriter les leçons humanistes, accueillit le musée républicain de la Statuaire après qu'en 1587 le patriarche d'Aquilée, **Giovanni Grimani**, a donné à la ville sa collection

de statues et de sculptures. Le plafond est décoré d'une œuvre de Titien, *La Sagesse*, intégrée à une perspective en trompe l'œil de Cristoforo et Stefano Rosa, réalisée vers 1559.

QUARTIER SAN MARCO

Au sortir de la piazza effervescente, à l'intérieur du dernier méandre du Grand Canal, se succèdent les petites places, les boutiques joliment achalandées et les cafés d'un quartier dynamique, ponctué d'églises abritant de belles œuvres et des palais.

Gran Teatro La Fenice★ D6

Campo San Fantin - ✆ 041 78 66 72 - www.festfenice.com - 9h30-18h (horaires susceptibles de varier) - 8 € (avec audioguide). Sur cette place discrète, se dresse depuis 1792 l'un des plus prestigieux théâtres lyriques. Touché par un incendie en 1996, il a retrouvé ses deux façades et ses deux entrées, dont l'une donne sur le rio. Tout en modernisant le théâtre (avec la création de salles de répétition et d'une salle de musique de chambre qui porte son nom), Aldo Rossi a restitué, telle qu'elle était, la superbe salle de concerts avec son plafond vert, ses stucs et ses cariatides, ainsi que les foyers éclairés de lustres en verre de Murano et décorés de tentures ornées du Phénix.

Pour les concerts, voir Nos adresses/ Sortir p. 34.

San Fantin D6

Campo San Fantin.
Cette église Renaissance, commencée par Scarpagnino et achevée par Sansovino, abrite deux toiles de Palma le Jeune : *Le Doge Alvise Mocenigo remerciant la Vierge pour la victoire de Lépante* (sur le mur de gauche du presbytérium) et *Le Portement du Christ mort* (sur le bas-côté droit).

San Moisè D6

Exaltation de la redondance, la façade est sans aucun doute l'élément le plus spectaculaire de cette église. Elle est l'œuvre d'un élève de Longhena, **Alessandro Tremignon** (17e s.), aidé

Les grandes premières de la Fenice

Nombre de grands compositeurs ont confié le baptême de leur œuvre à la Fenice. Parmi eux, **Gioacchino Rossini** *(*Tancredi, *1813,* Sigismondo, *1814,* Sémiramis, *1823),* **Vincenzo Bellini** *(*Les Capulet et les Montaigu, *1830,* Beatrice di Tenda, *1833),* **Gaetano Donizetti** *(*Belisario, *1836,* Pia de'Tolomei, *1837 et* Maria di Rudentz, *1838),* **Giuseppe Verdi** *(*Hernani, *1844,* Attila, *1846,* Rigoletto, *1851,* La Traviata, *1853 et* Simon Boccanegra, *1857) et* **Pietro Mascagni** *(*Les Masques, *1901). Plus près de nous,* **Igor Stravinski**, **Benjamin Britten** *et* **Luigi Nono** *ont également écrit pour la prestigieuse salle.*

du Flamand Meyring, lui-même élève du Bernin. À l'intérieur, résolument baroque, dans la chapelle à gauche de la chapelle axiale, figure le *Lavement des pieds* du **Tintoret**.

Campo Santo Stefano D6

La place se déploie toute en longueur et demeure l'une des plus élégantes de Venise. Son église, son campanile, ses cafés et glaciers en font un lieu de rencontre privilégié. C'est aussi un but apprécié de promenades vespérales, lorsque s'allument les fenêtres des palais et scintillent les réverbères, et que l'atmosphère devenue silencieuse nimbe la place d'une aura magique.

Santo Stefano★ D6

Si l'église a donné son nom au campo, son accès se fait latéralement. Sa belle façade de brique apparente passe presque inaperçue, car elle ouvre sur une ruelle étroite. De style gothique, l'édifice présente un corps central couvert d'un toit à double pente, flanqué de deux ailes plus basses. Le portail (15e s.) est l'œuvre de **Bartolomeo Bon**. Vous remarquerez le beau mouvement des feuilles d'acanthe. Un ange et un Christ bénissant couronnent le délicat groupe sculpté en hauteur. Les clochetons latéraux, les fenêtres et la rose complètent le parfait équilibre de cette construction, élevée au 13e s., comme le couvent contigu.
À l'**intérieur**, pourvu d'une superbe charpente apparente en carène de bateau renversée, le maître-autel est l'œuvre de Girolamo Campagna. La sacristie (à laquelle on accède par l'extrémité du bas-côté droit) renferme plusieurs œuvres somptueuses du **Tintoret** : *Le Lavement des pieds* ; *La Résurrection* ; *La Prière au jardin des oliviers* et une *Cène*, où un chien et un chat symbolisent le refus protestant de croire au mystère eucharistique, tandis que les deux femmes situées sur la gauche personnalisent le culte israélite et l'Église romaine. Se distinguent encore deux fragments de polyptyque de **Bartolomeo Vivarini** et une Crucifixion de **Giuseppe Angeli**.
Dominant l'église, le **campanile** (16e s.) penché, haut de 60 m, est l'un des plus célèbres de Venise. Élevé en brique avec quelques chaînages en pierre d'Istrie, il est surmonté d'un clocheton octogonal. Son inclinaison est due à un glissement de terrain intervenu entre les 17e et 18e s.

Campo Sant'Angelo D5

Dans la journée, on pourrait traverser cette place dénudée sans presque s'en rendre compte. Mais le soir, les palais qui ferment le côté bordé par le Rio di Sant'Angelo, constituent un véritable décor de théâtre. Sur la droite, après le pont enjambant le *rio* se dresse le **cloître Santo Stefano**, actuellement siège des services fiscaux, reconstruit à la Renaissance après un incendie. Il est attribué à Scarpagnino, tandis que les fresques sont signées **Pordenone**. Dans le palazzo Duodo (sur votre droite au n° 3584), le compositeur Domenico Cimarosa (1749-1801) rendit son dernier soupir, comme le rappelle une plaque commémorative. Le palais voisin présente une élégante loggia.

Palazzo Grassi★ C6

Campo San Samuele 3231 - ✆ 199 13 91 39 (depuis l'Italie, env. 1 €) ou ✆ 041 27 19 039 (en dehors d'Italie) - www.palazzograssi.it - tlj sf mar. 10h-19h (dernière entrée 18h) - fermé 24 et 25 déc. - 15 €, 20 € pour les deux sites (Punta della Dogana) - audioguide 6 €, 8 € pour les deux sites.

Construit au 18e s. par Giorgio Massari, c'est le dernier grand palais vénitien réalisé avant la chute de la République. En 2005, il est racheté par l'homme d'affaires français, François Pinault, qui confia à l'architecte japonais Tadao Ando son réaménagement en vue d'y dévoiler au grand public, d'exposition en exposition (deux ou trois par an), sa **collection d'art contemporain** dépassant les 2000 œuvres. Depuis 2009, le siège permanent des œuvres de la collection François Pinault est Punta della Dogana *(voir p. 78)*. Le Palazzo Grassi reçoit des artistes contemporains qui s'approprient l'espace le temps d'une exposition. Au 2e étage, on retrouve des éléments de la collection Pinault : œuvres d'Alighiero Boetti, dessins de Frédéric Bruly Bouabré, photographies de Jonathan Wateridge, réalisations de David Claerbout, Sigmar Polke, Charles Ray, Rudolf Stingel, peintures de Takashi Murakami, Marlene Dumas, installations de Giuseppe Penone, Maurizio Cattelan, Ger Van Elk, Lee Ufan.

Scala del Bovolo★ D5

Fermée pour travaux au moment de la rédaction de ce guide. C'est l'une des innombrables curiosités vénitiennes, élevée sur une cour silencieuse, et étonnamment peu prisée par les touristes. La structure très légère de cet escalier à vis, occupant une tour qui donne accès aux loggias du palais Contarini del Bovolo, marie les styles gothique et Renaissance. Sa paternité est attribuée à **Giovanni Candi** (mort en 1506). Du sommet, la **vue★★** sur

San Polo et Santa Croce★★★

Depuis le pont du Rialto, l'un des emblèmes vénitiens, jusqu'au temple des œuvres du Tintoret, le quartier est ponctué de places et de rues commerçantes, fréquentées par les étudiants, et animées par un marché gourmand.

➔**Accès :** Stations Rialto, San Silvestro, San Tomà.
➔**Conseil :** Avant de vous imprégner des œuvres du Tintoret et du Titien, allez humer les parfums du marché en début de matinée.

Ponte di Rialto★★ D5

Le premier lien entre les deux rives du Grand Canal remonte à 1175. Le pont était alors en bois, et fut plusieurs fois victime d'incendies. **Antonio Da Ponte** réalisa le Rialto entre 1588 et 1591, abandonnant l'idée d'un pont à trois arches pour une arche unique longue de 28 m, favorisant la navigation. Il est traversé par un escalier central bordé de boutiques et par deux autres escaliers latéraux plus étroits ; les deux larges arcades centrales couvertes d'un toit à deux versants permettent de circuler d'un escalier aux autres *(voir aussi p. 46)*.

Fabbriche Vecchie D4

Séparant le Campo du Grand Canal, ce bâtiment qui abritait jadis des locaux commerciaux a été élevé par **Scarpagnino** après l'incendie qui ravagea les lieux en 1514. Les arcades du rez-de-chaussée sont à bossages, sous deux étages beaucoup moins séduisants présentant de simples fenêtres ordinaires *(voir aussi p. 48)*. Sous les arcades, quelques bars à vins sont prisés par les Vénitiens à l'heure de l'apéritif.

Fabbriche Nuove D4

« Froides, monotones et longues », ainsi que l'a écrit l'historien de Venise **Alvise Zorzi**, les Nouvelles Fabriques, construites par Sansovino, présentent au rez-de-chaussée des arcades à bossages ; les deux étages supérieurs sont rythmés par des pilastres encadrant des fenêtres à fronton, et étaient occupés autrefois par le tribunal de commerce *(voir aussi p. 49)*.

Campo della Pescherìa D4

Le matin, les maraîchers s'installent sur le campo qui s'anime de bruits, d'odeurs et de couleurs. C'est sous les arcades de la **Pescherìa**, vaste bâtiment qui ouvre sur ce *campo*, que se tient le marché aux poissons où se perpétue la vie de la Venise populaire *(voir aussi p. 48)*.

Pas de marché dimanche et lundi. Quelques étals ouvrent quand même, mais l'ambiance est bien moins vivante.

Ca'Pesaro★ D4

Santa Croce 2076 - www.visitmuve.it - ♿ - avr.-oct 10h-18h ; nov.-mars 10h-17h (la billetterie ferme 1h avant) - fermé lun., 25 déc., 1er janv. et 1er mai - 8 € (combiné avec Museo d'Arte Orientale) ou Museum

Pass. Ce superbe palais commandé par la famille Pesaro à **Baldassare Longhena**, abrite à la fois la galerie internationale d'Art moderne et le musée d'Art oriental *(voir aussi p. 48)*.
Galleria Internazionale di Arte Moderna (Galerie internationale d'Art moderne) – 1er étage. Le grand salon présente des œuvres d'artistes achetées et données à la ville de Venise au cours des premières Biennales.
Les salles proposent un parcours chronologique à travers l'art vénitien, italien et international qui débute avec la fin du 19e s. S'y distinguent **Luigi Nono**, **Alessandro Milesi** et **Giacomo Favretto**, puis des travaux du sculpteur symboliste Adolfo Wilt, **Ottone Rosai**, des pièces surréalistes (Tanguy, Miró, Matta, Brauner, Giacometti), mais encore Bonnard, Dufy, Kandinsky et Zadkine, Matisse, Chagall, Arp, Rouault, Mannessier et **Mario De Luigi**, dans les salles consacrées aux écoles vénitiennes.
Museo di Arte Orientale (Musée d'Art oriental) – 2e étage. Le musée recèle une collection d'armures japonaises de la période Edo (1615-1868), des lames, des laques, des selles, des marionnettes du théâtre d'ombres, des instruments de musique et des porcelaines chinoises.

Museo di Storia naturale C4

(Musée d'Histoire naturelle)
Santa Croce 1730 - ✆ 041 27 50 206 - www.visitmuve.it - nov.-mai : mar.-vend. 9h-17h, w.-end 10h-18h ; juin-oct. : 10h-18h - la billetterie ferme 1h av. - fermé lun., 1er janv., 1er mai, 25 déc. - 8 € ou Museum Pass. Il est hébergé dans l'élégant palais qui servit de résidence et d'entrepôt aux marchands turcs, dit le **Fondaco dei Turchi** *(voir aussi p. 64)*.
Entièrement refait, ce musée s'adresse surtout aux enfants mais tout est en italien. Un squelette de dinosaure, *Ouranosaurus nigeriensis*, accueille le visiteur (expédition de G. Ligabue au Niger en 1973). Démarre alors un parcours au fil de l'évolution, au milieu des fossiles et squelettes. Plusieurs salles sont consacrées aux collections ethnographiques et trophées de chasse des explorateurs vénitiens et confrontent attrait pour les curiosités et étude scientifique. La fin du parcours aborde les formes de mouvement et les modes de nutrition rencontrés dans la nature.

San Giacomo dall'Orio★ C4

Campo San Giacomo dall'Orio, Santa Croce 1456 - www.chorusvenezia.org -10h-17h - fermé dim., 25 déc., 1er janv., Pâques et 15 août -3 € ou Chorus Pass.
Le campo San Giacomo dall'Orio, ombragé de platanes et de robiniers, est un de ces lieux de la Venise « intime » où vous prendrez d'autant plus plaisir à faire une pause que plusieurs terrasses de cafés et de restaurants l'ont investi. L'animation y est à son comble le matin et en fin d'après-midi.
L'église, dont les origines remontent au 9e s., possède un splendide plafond en bois à carène. À hauteur du bras droit du transept, trône une sculpture du 13e s. pleine de grâce, réalisée en marbre grec. Au-dessus, *La Multiplication des pains et des poissons*, de Palma le Jeune, comme les œuvres de la chapelle du

Le pont du Rialto.

BERNARDO BELLOTTO

Saint-Sacrement, est centrée sur le thème de l'Eucharistie, particulièrement significatif à une époque de tensions entre catholicisme et protestantisme. Sur l'arc triomphal, figurent encore au-dessus de la chapelle centrale, un crucifix en bois attribué à Paolo Veneziano. Le retable de l'autel, représentant La Vierge entourée de saints, est quant à lui de Lorenzo Lotto.

Campo San Polo D5

Tel un amphithéâtre, il accueille de nombreuses manifestations populaires. La place est bordée de quelques nobles édifices, parmi lesquels les **deux palazzi Soranzo** (n°s 2169 et 2170), de style gothique fleuri, et le **palazzo Tiepolo Maffetti**, de style baroque et reconnaissable à la tête d'Hercule qui orne le portail. À l'angle opposé, le **palazzo Corner Mocenigo**, construit par Sanmicheli au 16e s., abrite aujourd'hui l'administration des Douanes *(Guardia di Finanza)*.

San Polo D5

Campo S. Polo, 2102 -www.chorusvenezia.org - 10h-17h - fermé dim., 25 déc., 1er janv., Pâques et 15 août -3 € ou Chorus Pass. L'église présente une façade rose et un portail richement décoré de motifs floraux. L'intérieur possède une charpente en forme de carène de navire. À hauteur du premier autel, sur la droite, *L'Assomption de la Vierge* est flanquée d'une *Cène* du Tintoret représentée ici dans le simple cadre de la vie quotidienne. S'y distinguent également *L'Apparition de la Vierge à saint Jean Népomucène* de **Tiepolo**, les quatorze stations du chemin de croix par son fils Giandomenico et *Les Noces de la Vierge et des anges* de Véronèse.

Casa di Carlo Goldoni C5

San Polo 2794 - ✆ 041 27 59 325 - www.visitmuve.it - ♿ - avr.-oct. : 10h-17h ; nov.-mars : 10h-16h (dernière entrée 30mn av.) - fermé merc., 25 déc., 1er janv. et 1er mai - 5 € ou Museum Pass. Palais natal de Carlo Goldoni (1707-1793), la bâtisse abrite l'Institut international pour la recherche théâtrale, un musée dédié à la vie du dramaturge et une salle aménagée en théâtre de marionnettes.

Santa Maria Gloriosa dei Frari★★★ C5

Campo dei Frari, San Polo 3072 - www.chorusvenezia.org - 9h-18h, dim. et j. fériés 13h-18h (dernière entrée 17h30) - fermé 25 déc., 1er janv., Pâques et 15 août - 3 € ou Chorus Pass.

Cet édifice monumental, flanqué d'un campanile haut de 70 m, présente une façade majestueuse, élevée en style gothique tardif. À l'intérieur, figurent le **monument à Canova**, sorte de pyramide de style néoclassique faisant face au mausolée de Titien, une éblouissante chapelle axiale du 15e s., riche de 124 **stalles** ouvragées et une remarquable **Madonna di Ca'Pesaro** du **Titien**. La chapelle majeure, véritable point focal de la merveilleuse perspective, est rehaussée par un autre chef-d'œuvre du Titien, **l'Assomption** (1516), composition dense et mouvementée, triomphe de la couleur, de la lumière et du rythme.

Scuola Grande di San Rocco★★★ C5

(Collège majeur de Saint-Roch)
San Polo 3052 - ✆ 041 523 48 64 - www.scuolagrandesanrocco.it - 9h30-17h30 (dernière entrée 17h) - fermé 25 déc., 1er janv. et Pâques - 8 €, audioguide 1 €.
L'école est dédiée au pèlerin français, **saint Roch** (1295-1327), patron des malades et des pestiférés. La puissante confrérie laïque Saint-Roch, qui avait précisément pour but de lutter contre les épidémies de peste, fut reconnue par le Conseil des Dix en 1478. Son prestige et son importance ne cessèrent de croître au cours des siècles, notamment après le transfert en 1485, de Montpellier à Venise, des reliques du saint *(urne dans l'église)*, et grâce à de nombreux dons et legs.
Son intérieur, revêtu de marbres et de boiseries baroques (dues à Francesco Pianta), renferme une exceptionnelle **collection** de toiles du **Tintoret** exécutées de 1564 à 1587, livrant le plus beau tableau qui soit du maniérisme. On y observe combien l'artiste, dans l'esprit de la nouvelle vision artistique souhaitée par le concile de Trente, délaisse la peinture intellectuelle et apprêtée, pour tenter de traduire le message du Sauveur en termes plus populaires et sensibles.
La salle du rez-de-chaussée rend compte d'un caractère visionnaire de la lumière et de l'inspiration lyrique dans une illustration des scènes du Nouveau Testament. *L'Annonciation* se dote de nombreux détails réalistes, *L'Adoration des Mages* se veut théâtrale, *La Fuite en Égypte* baigne dans la clarté magique d'un coucher de soleil tandis que *Le Massacre des Innocents* présente un caractère tragique exacerbé. Le cycle s'achève avec *La Présentation au temple* et *L'Assomption*.
Au premier étage, les cycles de cette **grande salle supérieure** ou salle capitulaire illustrent des scènes de l'Ancien Testament (au plafond) et du Nouveau (sur les murs). *Le Miracle du serpent d'airain* occupe le centre du plafond. Les deux autres grandes toiles représentent *Moïse faisant jaillir l'eau du rocher* et *La Pluie de manne*.
Le **cycle du Nouveau Testament** se décline notamment avec une *Adoration des bergers, Le Baptême du Christ, La Résurrection du Christ, La Prière au mont des Oliviers* que suivent *La Cène, La Multiplication des pains et des poissons* puis *La Résurrection de Lazare, L'Ascension, La piscine probatique* et *La Tentation du Christ*. Sur les chevalets de l'autel, une *Annonciation* de **Titien** et deux toiles de **Tiepolo**.
À la grande salle supérieure succède au fond à gauche la salle de **l'Albergo**. Son plafond, richement sculpté et doré, s'orne d'un médaillon central représentant *Le Triomphe de saint Roch*. Face à l'entrée, une immense *Crucifixion* (1565) impose sa tension dramatique et son expressionnisme pathétique. Dans cette même salle, se distinguent l'intensité du *Christ devant Pilate*, dont la luminosité se concentre sur la figure du Christ, et une époustouflante composition, au réalisme tragique, de **La Montée au Calvaire**.

Dorsoduro

Paisible et charmant, pourvu de palais aristocratiques et d'hôtels particuliers, illuminé par des musées extraordinaires, le quartier est traversé de petits canaux.

➔**Accès :** Stations Accademia, Salute, Zattere.
➔**Conseil :** Compte tenu de la richesse des musées, il convient d'entrecouper les visites par les tranquilles promenades que suscite le quartier.

Galleria dell'Accademia★★★ C6

(Galeries de l'Académie)
Campo della Carità, Dorsoduro 1050 - ☏ 041 52 00 345 - www.gallerieaccademia.org - lun. 8h15-14h, mar.-dim. 8h15-19h15 (dernière entrée 18h30) - fermé lun. apr.-midi, 25 déc., 1er janv. - 11 €. Le parcours entre les salles peut varier pour cause de travaux.
Abritant la plus importante collection d'art de la ville, elles sont installées dans un ensemble de bâtiments regroupant le couvent des Chanoines du Latran (édifié d'après un projet d'**Andrea Palladio**), l'église de la Carità (monument reconstruit par Bartolomeo Bon vers le milieu du 15e s.) et enfin la Scuola Grande della Carità, plus ancien « collège majeur » de la cité puisque cette confrérie remonte à 1260. Affecté à l'Académie des Beaux-Arts en 1750, le lieu est devenu musée au début du 19e s. Il présente aujourd'hui un panorama complet de la peinture vénitienne du 14e au 18e s., regroupant un « générique » prestigieux où se côtoient Vittore Carpaccio, Giovanni Bellini, Giorgione, le Tintoret, Paolo Véronèse, Titien et Giambattista Tiepolo. Parmi les primitifs vénitiens et retables des 14e-15e s., remarquez le polyptyque de **Lorenzo Veneziano**. Se succèdent ensuite au fil des salles des œuvres sublimes : à la *Crucifixion et apothéose des dix mille martyrs du mont Ararat* de **Carpaccio** répondent *La Vocation des fils de Zébédée* de **Marco Basaiti**, une *Vierge à l'enfant*, une *Pietà* et une *Annonciation* en deux panneaux de **Giovanni Bellini**. Dans *Le Gentilhomme au lézard*, **Lorenzo Lotto** livre l'impression qu'une réflexion ou un souvenir est venu interrompre la lecture du jeune homme mélancolique. La salle suivante regroupe le *Couronnement de la Vierge* de **Véronèse**, une *Pietà* de **Titien**, intimiste et triste, et une magnifique *Descente de la croix* du **Tintoret**. Suit l'histoire de **saint Marc** par le **Tintoret**, dont l'*Enlèvement du corps de saint Marc* dans un palais aux impressions fantomatiques. *Le Repas chez Lévi* de **Véronèse** est la dernière de la série des *Cènes* grandioses exécutées pour les réfectoires des couvents vénitiens, et la seule conservée à Venise. Ce repas, tout à fait profane, est un prétexte à une mise en scène théâtrale et fantaisiste où sont montrés des personnages luxueusement vêtus,

Régate sur le Grand Canal devant Santa Maria della Salute.

des chiens et des créatures grotesques comme des nains ou des bouffons. On conçoit que le Saint-Office (l'Inquisition) ait été quelque peu choqué par cette irrévérence envers la sacralité du sujet. Traduit devant le tribunal, Véronèse fut contraint de modifier le titre de son œuvre.

Le 17e s. est représenté par **Luca Giordano** *(Crucifixion de saint Pierre)* et le 18e s., plus largement, par **Giambattista Tiepolo** *(Le Châtiment des serpents)*, les paysages urbains vénitiens de **Canaletto** et de remarquables scènes de genre relatant la vie quotidienne dans la Sérénissime, croquées par **Pietro Longhi**. Après une incursion au 19e s. avec le peintre romantique Francesco Hayez, le parcours revient vers des scènes vénitiennes de Bellini et Mansuetti.

Le cycle en neuf tableaux de *La Légende de sainte Ursule* par **Carpaccio**, retrace l'histoire de cette princesse bretonne qui, de retour d'un pèlerinage à Rome avec son fiancé et 11 000 vierges, fut massacrée à Cologne par les Huns. Le dernier espace rassemble deux *Tempêtes* très différentes : celle de Palma le Vieux et Paris Bordone représente saint Marc, saint Nicolas et saint Georges repoussant l'attaque des démons qui sombrent dans des flots déchaînés ; celle de **Giorgione**, dont on a longtemps pensé qu'il était l'auteur de la première, cristallise un état d'âme : trois personnages sont entourés de ruines, d'eau et d'un village dans une scène énigmatique baignée d'un vert changeant et traversée par un éclair. À côté, *La Vecchia* est un portrait de vieille dame, dont la tristesse est renforcée par l'inscription *Col tempo*, « Avec le temps ». Dans cette salle figurent aussi la *Vierge en majesté*, la *Vierge à l'Enfant entre sainte Catherine et Marie-Madeleine* et une *Vierge de Pitié* au visage vieilli de **Giovanni Bellini**, le *Saint Georges* d'**Andrea Mantegna**, aux réminiscences toscanes et dont la figure du chevalier, synthétisant l'idéal humaniste d'équilibre, rappelle Donatello, ainsi que des retables sculptés. La sortie se fait par la **Sala dell'Albergo** *(en restauration)*.

Collezione Peggy Guggenheim★★ D6

(Collection Peggy Guggenheim)

Dorsoduro 704 - ✆ 041 24 05 411 - www.guggenheim-venice.it - tlj sf mar. 10h-18h - fermé 25 déc., 9 janv. et 20 fév. - 12 €. Au sein du Palais Venier dei Leoni, elle rassemble les pièces majeures de la collectionneuse américaine, Peggy Guggenheim (1898-1979) qui y vécut à partir de 1947, reposant aujourd'hui dans l'entrée près du mur d'enceinte, et dont le jardin est garni de sculptures de Jean Arp, de Germaine Richier et d'Henry Moore.

Exposée dans le palais, la collection de peintures fait la part belle au mouvement Dada et au surréalisme, représentés notamment par Brauner, **Dali** *(Naissance des désirs liquides)*, **Ernst** *(L'antipape)*, **Magritte**, Chagall, Picabia, Tanguy, **Miro** et De Chirico. S'y ajoutent le mouvement cubiste avec **Picasso** *(Le Poète)*, **Braque** *(La Clarinette)*, Metzinger, Léger et Delaunay, et différentes formes d'abstraction avec **Kandinsky** *(Vers le haut)*, Mondrian, **Rothko**,

Gonzalez *(L'Homme cactus)*, **Pollock** ou encore **Giacometti**, **Calder**, **Klee** et Motherwell. Soit un panorama complet et de très grande qualité balayant la peinture du 20e s. jusqu'aux années 1960, lorsque Peggy Guggenheim cessa d'acquérir des œuvres.
Un corridor et une salle en bordure du jardin abritent la collection réunie par Gianni Mattioli (1903-1970). Fasciné par le futurisme, le collectionneur a réuni des œuvres d'artistes de l'avant-garde italienne, dont émergent les toiles de Carlo Carrà, Giacomo Balla, Ottone Rosai, Gino Severini (1883-1966), **Giorgio Morandi** et surtout **Umberto Boccioni**.
Une très agréable terrasse s'ouvre à fleur d'eau sur le Grand Canal, dominée par une sculpture de l'artiste natif de Pistoia, Marino Marini (1901-1980), l'*Angelo della città (L'Ange de la ville)*. Enfin, un espace est réservé aux expositions temporaires, organisées en liaison avec la Fondation Solomon Guggenheim de New York.

Santa Maria della Salute★★ D6

Dorsoduro 1 - accès à la sacristie 2 €.
En 1630, les Vénitiens firent le vœu de bâtir une église une fois l'épidémie de peste vaincue. Ainsi s'éleva-t-elle, d'après les dessins de **Longhena**. L'escalier d'accès, spectaculaire, ne rend que plus majestueux cet édifice imposant. La basilique est en effet coiffée d'un **dôme élevé** reposant sur une base octogonale, qui semble vouloir rappeler l'étoile mariale à huit branches, visible sur chaque tympan. Les **contreforts** en volutes du tambour jouent beaucoup dans la célèbre silhouette de la Salute qui, posée à l'embouchure de Grand Canal, semble en surveiller l'accès. Sur la lanterne du dôme, une statue de la Vierge tient un bâton de « capitaine de mer ». Au sommet de la deuxième coupole (plus petite) trône une statue de saint Marc. En retrait, les deux campaniles ferment la partie arrière.
L'église, dont l'allure générale évoque l'architecture palladienne, est ornée de nombreuses **statues**, parmi lesquelles celle de la Vierge qui domine le tympan surmontant l'entrée.
Intérieur – Sur la droite de l'entrée, les trois premières chapelles sont ornées de retables peints par Luca Giordano sur le thème de l'histoire de la Vierge : *Présentation au temple*, *Assomption* et *Naissance*. Sur la gauche de l'autel, la première chapelle, donnant accès à la sacristie, possède un retable de **Titien** réalisé en 1555, *La Descente du Saint-Esprit*.
Le chef-d'œuvre dont peut s'enorgueillir la basilique figure dans la **sacristie**, illuminée par les **Noces de Cana** du **Tintoret**, remarquable composition théâtrale, farandole de gammes chromatiques d'où semble résonner le bruissement des étoffes chatoyantes. L'artiste s'y est représenté sous les traits du premier apôtre situé à gauche.
Sur le mur de gauche, au-dessus de l'autel, *Saint Marc trônant entouré de saints* est une autre œuvre de Titien, où l'on perçoit l'influence de Giorgione.
À droite, *La Madonne du Salut* est de Padovanino (1588-1649). À gauche des

Noces de Cana sont présentés le *Samson* de Palma le Jeune et la *Vierge à l'Enfant* de **Palma le Vieux** ; à droite, *Jonas Prophète* a été exécuté par **Palma le Jeune**. Les toiles du plafond, de Titien, partagent le thème du sacrifice, d'où la violence qu'elles expriment : *David et Goliath, Abraham et Isaac, Abel et Caïn*, œuvres dans lesquelles la dimension dramatique développe un sentiment de puissance extraordinaire.

Dogana da Mar D6

(Douane de Mer)

✆ 199 13 91 39 (depuis l'Italie, env. 1 €) ou ✆ 041 27 19 039 (en dehors d'Italie) - www.palazzograssi.it - 10h-19h (la billetterie ferme à 18h) - fermé mar., 24 et 25 déc. - 15 €, 20 € avec la visite de Palazzo Grassi - audioguide 6 €, 8 € pour les deux sites. Son origine remonte au 15ᵉ s. Elle faisait office de poste douanier pour les marchandises arrivant à Venise par voie maritime. Les bâtiments actuels, du 17ᵉ s., dont la forme évoque la proue d'un navire, sont dus à Giuseppe Benoni. Au sommet, une statue mobile, allégorie de la Fortune, trône sur un globe doré figurant le monde soutenu par deux atlantes.

Depuis 2009, la **Punta della Dogana** a été convertie en centre d'Art contemporain (**Centro di Arte Contemporanea**) par l'architecte japonais Tadao Ando. Le bâtiment, qui offre une vue merveilleuse sur la Giudecca, abrite la majeure partie de la collection des œuvres appartenant à François Pinault. Des artistes parmi les plus fameux au monde sont ainsi exposés : Jeff Koons, Sigmar Polke, Subodh Gupta, Maurizio Cattelan, Donald Judd, Marcel Broodthaers, Thomas Houseago, Roni Horn, Chen Zhen, Thomas Schütte, Sturtevant, Julie Mehretu, Tatiana Trouvé, Bruce Nauman, Adel Abdessemed, David Hammons, Edward Kienholz, Paul McCarthy.

Les « Zattere » ★ D7

Ces *fondamenta* constituent une sorte de balcon offrant une **vue** imprenable sur le **canal de la Giudecca**, plus agité que le Grand Canal, et sur l'île du même nom, paysage qui ne manque pas d'allure, du Mulino Stucky (à droite) à l'église du Rédempteur – l'un des plus importants édifices religieux de Venise. Au-delà du Rio della Salute, les anciens **Magazzini del Sale**, des entrepôts de sel remontant au 14ᵉ s., rappellent que Venise était jadis une grande productrice de cet ingrédient précieux. Ils abritent des hangars à gondoles et bateaux ainsi qu'un espace d'expression artistique contemporaine et engagée (S.a.L.E. Docks - www.saledocks.org).

Les constructions qui bordent ensuite les quais évoquent un passé laborieux où la religion tenait une place importante. Vous longerez ainsi l'ancien couvent et l'église du **Saint-Esprit**, devant laquelle on amarre chaque année un pont de bateaux à l'occasion de la fête du Rédempteur *(voir p. 96)*. Puis vous passerez devant l'ancien **Ospedale degli Incurabili (Hôpital des Incurables)** du 16ᵉ s. où se réfugiaient les personnes atteintes de syphilis, plus tard transformé en orphelinat.

Vue des Fondamenta delle Zattere et du pont Lungo depuis le Canal della Giudecca.

Squèro di San Trovàso C6

C'est l'un des rares *squèri* encore en activité et certainement le plus célèbre : cette insolite construction offre un contraste frappant avec les proches palais raffinés d'inspiration byzantine. Le bâtiment, construit au 17e s. en bois sombre, et que viennent égayer à la belle saison les géraniums rouges ornant les balcons, sert à loger les charpentiers qui fabriquent les **gondoles** et qui étaient traditionnellement originaires de la région du Cadore dans les Dolomites, d'où ils auraient importé ce type de construction. Ouvert sur le rio, un hangar de bois abrite les gondoles en réparation ou en construction.

San Sebastiano★★ B6

Campo S. Sebastiano - www. chorusvenezia.org - 10h-17h - fermé dim., 25 déc., 1er janv., Pâques et 15 août - 3 € ou Chorus Pass.

La façade blanche de cette église, marquée par le génie de **Véronèse**, permet d'imaginer la complexité de sa structure intérieure : les petites colonnes de la partie inférieure déterminent en effet les chapelles latérales, tandis que celles de la partie supérieure correspondent au chœur suspendu.

La beauté du sanctuaire réside essentiellement dans la richesse de sa décoration picturale : sur la droite, tout de suite en entrant, un *Saint Nicolas* dû à Titien précède une *Crucifixion* de Véronèse (dans la troisième chapelle).

À côté de l'orgue, un buste de Véronèse indique l'endroit où est enseveli l'artiste dont le talent a transcendé la décoration de l'église où se juxtaposent les tons, les nuances froides et chaudes, les ombres colorées. Véronèse commença par le plafond de la **sacristie** (sur la gauche du cœur) où *Le Couronnement de la Vierge* est encadré par les *Quatre évangélistes*. Les couleurs (rouge et bleu) contribuent à réunir Marie et Jésus, tandis que son vêtement entièrement bleu isole Dieu le Père. Les plafonds de l'église sont dotés d'éléments architecturaux en trompe l'œil, artifice qui donne plus d'ampleur à l'édifice. Au centre figurent *Esther couronnée par Assuérus*, dans les médaillons latéraux, *Le Triomphe de Mardochée* et *La Répudiation de Vasti*.

Entre les colonnes torses, des niches accueillent des *Sibylles* et des *Prophètes*. La représentation des premières, qui se poursuit le long des murs, symbolise l'annonce prophétique du salut par les païens. Des figures de prophètes occupent le mur ouest ; huit apôtres sont représentés sur les pendentifs des chapelles latérales.

Au-dessus du monument funéraire de Livio Podacattaro, évêque de Candie, dans la galerie, se déploie le cycle du Martyre de saint Sébastien *(fresque non visible depuis la nef)*.

Enfin, les guichets de l'orgue sont décorés d'une *Présentation de Jésus au temple*. Ouverts, ils laissent apercevoir une représentation de *La Piscine probatique*. Le retable qui domine le maître-autel figure *La Vierge en majesté entourée des saints Roch, Sébastien, Pierre et François, et des saintes Catherine et Elisabeth*. Sur le mur gauche du chœur se trouvent *Saint Marc et saint Marcelin conduits au martyre* et, sur celui de droite, *Le Martyre de saint Sébastien*, deux autres œuvres de Véronèse.

Campo Santa Margherita C5

Cette place, vaste et accueillante, séduit par son animation qu'entretiennent ses terrasses de café et de glaciers, ses boutiques et les marchés qui s'y tiennent régulièrement. Le collège des Carmes (Scuola Grande dei Carmini) s'élève au bout du campo vers la gauche.

Scuola Grande dei Carmini★ C5-6

Dorsoduro 2616 - ✆ 041 52 89 420 - www.scuolagrandecarmini.it -11h-16h - fermé 1er janv., 25 déc. - 5 €. Elle présente deux façades sur chacun des deux *campi*, toutes deux dessinées par **Longhena**. **Intérieur** – Après la chapelle ornée de grisailles de Niccolò Bambini (1661-1735), un escalier, lui aussi conçu par Longhena, décoré de stucs, conduit à la Salle capitulaire, dont le cycle pictural a été confié à **Tiepolo**. Les membres de ce collège, devenu autonome en 1594 et érigé au rang de majeur en 1767, révéraient la *Vierge du Carmel*, comme en témoigne le panneau central du plafond, La Vierge apparaissant au bienheureux Simon Stock auquel elle remet le scapulaire. Sixième prieur général de l'ordre, **Simon Stock** (mort en 1265) avait institué le port du scapulaire, objet de dévotion. La salle est en outre décorée d'œuvres de Gregorio Lazzarini (1655-1730), sur le mur d'entrée, et d'Antonio Zanchi, en face. La salle des Archives est ornée de parements d'autel du 18e s. **Padovino** réalisa la peinture centrale du plafond de la salle de l'Hôtellerie.

Ca'Rezzonico★★ C6

www.visitmuve.it - ♿ - avr.-oct : tlj sf mar. 10h-18h ; nov-mars : tlj sf mar. 10h-17h (dernière entrée 1h av. la fermeture) - fermé 1er jan., 1er mai, 25 déc. - 8 € ou Museum Pass. Dernier palais conçu par Longhena, il abrite le **Musée du 18e s. vénitien**. Le monumental escalier donne sur la salle de bal créée par Massari, décorée de trompe-l'œil et de nus éthiopiens sculptés. La **salle de l'Allégorie nuptiale** doit son nom aux fresques du plafond réalisées par Tiepolo à l'occasion des noces de Ludivico Rezzonico et de Faustine Savorgnan. **La salle des Pastels** est meublée de style rococo, la **salle des Tapisseries** est décorée de tapisseries flamandes, tandis que la **salle Tiepolo** présente *La Vertu et La Noblesse terrassant la Perfidie*. Un passage où sont exposées des collections de porcelaines mène à la Bibliothèque abritant une très belle *Dame voilée* sculptée par Antonio Corradini.

Le deuxième étage renferme quelques œuvres remarquables de Canaletto, Guardi et Tiepolo, et des petits formats de Longhi.

Au troisième étage, la **pinacothèque Edigio Martini** abrite des œuvres du 15e au début du 19e s. Très intéressante est la reconstitution de la pharmacie Ai Do San Marchi, jadis située sur le Campo San Stin.

Castello

À l'écart de l'effervescence touristique de San Marco, le quartier se veut paisible et aéré, partagé entre les jardins publics et les œuvres du Carpaccio.

➔**Accès :** Stations San Zaccaria, Arsenale, Giardini, Ospedale civile.
➔**Conseil :** En s'éloignant de la fraîcheur des jardins, deux promenades différentes – mais chacune avec son lot de curiosités – s'offrent à vous : soit retourner sur vos pas pour aller voir la Fondation Querini Stampalia et le Campo di Santi Giovanni e Paolo. Soit se diriger vers l'extérieur de la ville, et aller voir San Pietro di Castello et l'espace de la Biennale.

Campo San Zaccaria E5

Cette place élégante et tranquille a conservé les arcades d'un cloître du 16e s., élevé à l'emplacement du cimetière du couvent et, sur la droite, la façade de l'église primitive flanquée d'un campanile du 13e s.

San Zaccaria★★ – *Castello 4693 - 10h-12h, 16h-18h, dim. et j. fériés 16h-18h.*
Dominant les toits et les terrasses des alentours, l'église actuelle, œuvre d'**Antonio Gambello** (actif 1458-1481) et de **Mauro Codussi** qui lui succéda à sa mort, englobe l'église antérieure (9e s.) dont le bas-côté gauche correspond au bas-côté droit du nouvel édifice. San Zaccaria faisait partie d'un célèbre couvent de religieuses auquel le doge rendait visite chaque lundi de Pâques. La haute façade se présente en trois parties, avec un sommet en demi-cercle et deux contreforts curvilignes, ponctués de statues. La base de l'édifice est revêtue de panneaux de marbre rose où apparaissent quatre médaillons de prophètes encadrés de putti déversant des cornes d'abondance. Le tympan du portail d'entrée est surmonté de la statue de saint Zacharie, œuvre d'**Alessandro Vittoria**.
À l'intérieur, tapissé de peintures, se distinguent la *Sainte conversation* de **Giovanni Bellini**, et *La Vierge en majesté entourée de saints* et *Saint Zacharie en majesté* de **Palma le Jeune**. Dans la chapelle du chœur, accessible par l'extrémité du bas-côté droit, sont exposés notamment *La Naissance de saint Jean-Baptiste* du **Tintoret** et *La Fuite en Egypte* de **Tiepolo**. L'impressionnante chapelle San Tarasio, ou **Chapelle d'or**, est le chœur du 13e s. de l'église gothique primitive. Elle est illuminée par trois splendides retables de 1443 : le *Polyptyque de la Vierge*, le *Polyptyque de sainte Sabine* et le *Polyptyque de la résurrection*.

Scuola Dalmata dei Santi Giorgio e Trifone★★★ (San Giorgio degli Schiavoni) F5

Castello 3259/a, calle dei Furlani - ☏ 041 5228 828 - tlj sf dim. apr.-midi et lun. mat. 9h15-13h, 14h45-18h - fermé apr.-midi des j. fériés - 4 €.
La *Scuola* des Dalmates ou « Slavons » *(Schiavoni)* fut fondée le 19 mai 1451

L'église des Santi Giovanni e Paolo est la plus grande église gothique de Venise.

par un décret du Conseil des Dix qui en approuvait le code fixant son statut et ses règles ; elle fut placée sous la protection de saint Georges, saint Tryphon et saint Jérôme. La façade de la Scuola, simple mais élégante, s'orne au-dessus du portail d'entrée de deux dauphins et de deux bas-reliefs représentant *Saint Georges terrassant le dragon* (16e s.) et la *Vierge à l'Enfant entre saint Jean-Baptiste présentant un confrère et sainte Catherine* (15e s.). L'intérieur, assez réduit, abrite les cycles de **saint Georges**, **saint Tryphon** et **saint Jérôme**, un ensemble réalisé par **Vittore Carpaccio**, indissociablement lié à la Scuola comme le Tintoret l'est à la Scuola di San Rocco. Carpaccio consacra cinq années (1502-1507) à réaliser ces œuvres dont la luminosité, exaltée par des couleurs chaudes et l'atmosphère recueillie trouvent une place idéale dans la salle du rez-de-chaussée au remarquable plafond à poutres.

Le cycle de **saint Georges**, dans un récit qui se veut chevaleresque, joue des perspectives, ajoute un décor macabre à un paysage charmant, des éléments pittoresques empruntés à l'Orient. On y observe saint Georges défiant le dragon, symbole du paganisme, triomphant puis baptisant les Sélénites. Le **Miracle de saint Tryphon**, martyr chrétien du 3e s., est l'une des rares représentations connues de ce saint originaire d'Asie Mineure, appelé par l'empereur romain Gordien pour exorciser sa fille. Un miracle qu'il accomplit alors enfant, face à un démon symbolisé ici par le lézard venimeux de l'Écriture sainte. Le cycle de **saint Jérôme** relate l'arrivée du saint au monastère accompagné d'un lion blessé, suivant la légende, ses funérailles et la merveilleuse **Vision de saint Augustin**, où le saint des toiles précédentes est l'invisible présence lumineuse qui, d'après un conte vénitien, parla à saint Augustin. Chaque scène est pourvue de détails, non démunis de fantaisie et d'humour.

San Francesco della Vigna★ F4

L'édifice actuel fut bâti à partir de 1534, d'après un projet de **Sansovino**. Sa façade, inspirée d'un temple classique coiffé d'un tympan triangulaire, a été réalisée par **Palladio**. Son intérieur abrite *Les Quatre Évangélistes*, une œuvre de jeunesse de **Tiepolo**, une *Vierge à l'enfant* de **Véronèse** et une *Madone entourée de saints* de **Giovanni Bellini.** Aux côtés de l'église, le campanile est l'un des plus élevés de Venise.

Arsenale★ F5

Une première darse existait déjà à Venise en 1104, lorsque les croisades ont donné essor aux reconstructions navales. Entouré de murs médiévaux hérissés de tours et bordés de canaux, l'**Arsenal** possède deux entrées principales, l'une terrestre, l'autre maritime, toutes deux situées sur le *rio* du même nom. Dans cette zone militaire, interdite d'accès (sinon quelques espaces à l'occasion de la **Biennale**), l'entrée maritime est signalée par deux tours reconstruites en 1686. L'entrée terrestre, donnant sur le *campo*, s'effectue par un imposant portail Renaissance, aux allures d'arc de triomphe, orné de lions. Aux alentours, le quartier, peu fréquenté par les touristes, silencieux, authentique, est quadrillé de ruelles et de places.

Museo Storico Navale★ F6

(Musée d'Histoire navale)

✆ 041 24 41 399 - www.marina.difesa.it - lun.-vend. 8h45-13h30, sam. 8h45-13h - fermé dim. et j. fériés - 1,55 €.

Pour les passionnés de navigation, les curieux des expéditions maritimes vénitiennes. Aménagé sur quatre étages, il accueille le visiteur par des canons, des plans en relief de villes et des maquettes de navires.

Premier étage – Sculptures décoratives en bois provenant de galères, armoiries, des portulans (textes détaillant les caractéristiques d'une côte, ses ports, ses mouillages et ses zones dangereuses). De nombreuses maquettes de navires, parmi lesquelles une superbe galère trirème vénitienne de 1500, sont également exposées.

Deuxième étage – Modèles réduits, uniformes et instruments de navigation évoquent l'histoire de la marine militaire des 19ᵉ et 20ᵉ s.

Troisième étage – Des felouques de cérémonie, des barques de pêche et des jonques accompagnent d'émouvants ex-voto.

Quatrième étage – Il célèbre en partie les rapports entre la marine suédoise et Venise. Belle collection de conques et coquillages.

Pavillon des navires – Il contient des anciennes gondoles, des bateaux de course, des navires militaires, etc.

Isola di San Pietro G5-H6

(Île de San Pietro di Castello)

Au-delà du large Canale di San Pietro, l'ancienne île Olìvolo abrite la première cathédrale de Venise que vous rejoindrez en empruntant, dans le prolongement de la Fondamenta Sant-Anna, le pont de la Calle Quintavalle, puis à gauche, la Fondamenta Quintavalle qui présente la particularité de n'être un quai qu'en sa partie terminale, et enfin à droite, la Calle dopo il Campanile conduisant au verdoyant **Campo San Pietro**.

Au débouché de la rue, le campanile, très incliné, fut reconstruit par **Mauro Codussi**. Au-delà, s'élève l'ancien **palazzo Patriarcal** (**Palais des Patriarches**, fin 16ᵉ s.), aujourd'hui investi par des habitations populaires ; il a conservé une agréable cour entourée de portiques.

San Pietro di Castello★ G-H5

(Église San Pietro di Castello)

www.chorusvenezia.org - 10h-17h - fermé dim., 25 déc., 1ᵉʳ janv., Pâques et 15 août -3 € ou Chorus Pass.

Élevé au 8ᵉ s. sur les vestiges d'une église datant de 650, l'édifice présente une façade du 17ᵉ s. sur le modèle palladien. L'**intérieur** fut réalisé à la même époque d'après un projet de **Palladio**. Bâtie sur un plan en croix latine, l'église est pourvue de trois nefs et d'une grande coupole à la croisée du transept. Remarquez, dans le bas-côté gauche, au-dessus de l'entrée de la chapelle Lando, une toile de **Véronèse** représentant saint Jean l'Évangéliste, saint Pierre et saint Paul. Le devant d'autel de cette chapelle est composé d'une transenne, clôture en marbre de style vénéto-byzantin (9e s.), à la base de laquelle se trouve une mosaïque du 2e s. La chapelle Vendramin, réalisée par **Longhena**, possède un autel décoré d'une Vierge à l'Enfant entourée des âmes du purgatoire de **Luca Giordano** (1634-1705). Particulièrement élaboré, le maître-autel fut également exécuté selon des dessins de Longhena. En se dirigeant vers la sortie par le bas-côté droit, remarquez *Saint Pierre en chaire et les quatre saints* de Marco Basaiti (vers 1470-après 1530), et la **Chaire de saint Pierre**, trône en marbre datant du 13e s. environ et provenant d'Antioche. Le dossier est constitué d'une stèle funéraire musulmane ornée d'inscriptions en caractères coufiques, tirées des versets du Coran et de motifs astraux.

Giardini Pubblici G6-7

Longeant le bassin de Saint-Marc, offrant de belles vues sur le bassin et la lagune, cette promenade ombragée est bordée par les **Jardins publics** qui abritent l'espace de la Biennale. Quelques sculptures viennent distraire le promeneur, tels les bustes de l'ancien maire Riccardo Selvatico, le fondateur de la Biennale, des compositeurs Richard Wagner et Giuseppe Verdi.

Biennale G7

www.labiennale.org. Le projet de Biennale d'art moderne fut présenté en 1893 et la première exposition, inaugurée par le roi Umberto Ier le 30 avril 1895, dans le Palazzo delle Esposizioni alors construit dans les jardins de Castello. Si, lors des premières années, furent mis à l'honneur, entre autres artistes, Klimt et Renoir, l'avant-garde européenne dut attendre 1920, et Picasso 1948, pour y être exposés. Au fil des années, des pavillons nationaux furent élevés, parfois par des architectes prestigieux, tels que **Carlo Scarpa**, ou **Alvar Alto**. De nouvelles disciplines ont été également accueillies comme la musique contemporaine en 1930, le théâtre en 1934, le cinéma en 1932 *(voir p. 98)*, l'architecture en 1980, la danse en 1998, ainsi que la photographie, tandis que les lieux se multipliaient (avec notamment la Corderie et certains bâtiments de l'Arsenal). Certaines manifestations sont annuelles, d'autres ont conservé leur rythme d'origine : c'est ainsi que l'art (années impaires) et l'architecture (années paires) alternent dans les jardins *(voir Pour en savoir plus, p. 120)*.

Campo di Santi Giovanni e Paolo E4

Le tableau de Canaletto intitulé *Campo Santi Giovanni e Paolo* permet de constater le peu d'emprise du temps sur ce vaste campo, notamment animé par l'**hôpital civil**, que les Vénitiens surnomment **San Zanipòlo**, rapprochement des noms des deux saints auxquels il est dédié (Zani pour Giovanni, c'est-à-dire Jean, et Polo pour Paolo, Paul). Bordé par le Rio dei Mendicanti, dominé par l'imposante stature de son église, il est orné du

monument dédié à Bartolomeo Colleoni et d'un puits charmant. Les terrasses des cafés sont une invitation à profiter de la douceur de vivre qui règne sur la place.

Monument équestre à Bartolomeo Colleoni★★ – La fière allure du cavalier, son expression farouche et le mouvement fougueux du cheval, composent un ensemble que le socle contribue à rendre encore plus majestueux. Conçu par **Andrea Verrocchio**, il est inspiré du Gattamelata de **Donatello** érigé à Padoue devant la basilique Saint-Antoine, œuvre qui, honorant un des prédécesseurs de Colleoni à la tête des armées vénitiennes, renouait avec le genre antique de la statue équestre. Après la mort de Verrochio, **Alessandro Leopardi** (1465-1523) dessina la base et réalisa la fonte, achevant le monument en 1496.

Santi Giovanni e Paolo★★ E4

www.basilicasantigiovanniepaolo.it - ☎ 041 52 35 913 - 9h-18h, dim. et j. fériés 12h-18h - 2,50 € (hors circuit Chorus).

Construite par les Dominicains entre 1240 et 1430, en brique rouge, elle est la plus grande église gothique de Venise : 101 m de longueur, 46 m de largeur à la croisée et 55 m de hauteur au sommet du dôme. Son caractère solennel est dû à son ancienne fonction de **panthéon des doges**, dont les funérailles étaient célébrées sous ses voûtes. La façade s'ouvre par un beau portail en marbre (1460) de **Bartolomeo Bon**. L'intérieur, impressionnant par son espace et sa luminosité, est divisé en trois nefs aboutissant sur un transept desservant cinq absides orientées. Parmi d'autres œuvres, la **chapelle du rosaire** abrite des scènes du Nouveau Testament de **Véronèse**, et le premier autel à droite est orné du *Polyptyque de saint Vincent Ferrier* de **Giovanni Bellini**.

Fondazione Querini-Stampalia Onlus★ E5

Santa Maria Formosa, Castello 5252 - ☎ 041 27 11 411 - www.querinistampalia.it - tlj sf lun. 10h-18h - 10 €.

Fondée en 1868 par le comte **Giovanni Querini Stampalia**, elle se compose d'une bibliothèque, d'espaces d'expositions temporaires, d'un auditorium et d'un musée. La demeure seigneuriale, qui a conservé son atmosphère des 17e et 18e s. grâce à un mobilier d'époque, renferme une collection de peintures vénitiennes du 14e au 20e s. : **Palma le Vieux** (*Francesco Querini* et *Paola Priuli Querini*), **Giambattista Tiepolo** (portrait du *Procurateur*), **Giovanni Bellini** (*La Présentation au temple*), **Pietro Longhi** (scènes de sacrements et de chasse) et **Gabrielle Bella** *(Scènes de la vie publique vénitienne)*.

Cannaregio

Moins auréolé d'églises et de musées, peu touché par le tourisme et plus authentique, c'est là un quartier baigné de romantisme, chargé d'histoire et de symboles. Ici, les bateaux à moteur des habitants remplacent les gondoles.

➔**Accès :** Stations Ca'd'Oro, Madonna del'Orto, Fondamenta Nuove.
➔**Conseil :** Tout le long de la journée, c'est le lieu idéal pour s'évader des foules sans s'écarter des grâces vénitiennes.

Ca'd'Oro★★★ D4

Cannaregio 3932 - ✆ 041 52 00 345 - www.cadoro.org - ♿ - lun. 8h15-14h, mar.-dim. 8h15-19h15 (dernière entrée 30mn av.) - fermé 25 déc., 1er janv. et 1er mai - 8 €.
Délicate création du gothique fleuri, le palais a conservé toute sa beauté, éclatante dès la façade *(voir p. 48)*. Au-dessus d'une magnifique cour intérieure pavée de mosaïques, la **galerie Franchetti** renferme de superbes œuvres. À commencer, au premier étage, par le *Polyptyque de la passion* d'**Antonio Vivarini**, une œuvre prégnante et lumineuse, et par la pièce maîtresse du musée, le **Saint Sébastien**★★ d'**Andrea Mantegna**. Figure particulièrement vénérée à Venise où la peste faisait régulièrement des ravages, saint Sébastien semble montrer avec ses bras, les endroits meurtris par les flèches, semblables aux blessures infligées par le fléau. Pour suivre par *La Dormition de la Vierge* et *L'Annonciation*, située dans un contexte vénitien, de **Carpaccio** et son atelier. À l'**étage supérieur**, remarquez la *Vierge à l'Enfant et saint Jean* d'Andrea del Sarto, récemment rénovée, le *Portrait du procureur Nicolò Priuli* du **Tintoret**, des tapisseries flamandes de la seconde moitié du 16e s., une *Vénus endormie avec un petit amour* de Paris Bordone, la *Vénus au miroir* (sans miroir !) de **Titien**, le *Portrait d'un gentilhomme* d'Antoine Van Dyck. Typiquement vénitiennes, les deux *vedute* (vues) de **Francesco Guardi** représentent *La Piazzetta San Marco*, et *Vue du môle vers la basilique Santa Maria della Salute*. Hélas fort endommagées, les fresques exécutées par **Giorgione** et **Titien** pour les

Corto Maltese à Venise

Le célèbre personnage de bande-dessinée Corto Maltese, aborde au port de Venise à deux reprises. Une première fois en 1917, lorsqu'il poursuit ses recherches sur l'Eldorado, puis en 1921 (Fable de Venise)*, sur fond de montée du fascisme. Ses deux aventures font la fierté des Vénitiens qui ont dédié un musée - la Casa di Corto Maltese – au héros et à son auteur italien Hugo Pratt.*

façades du **Fondaco dei Tedeschi** constituent un ensemble de premier ordre : de Giorgione ne subsiste qu'un nu *(La Nuda)*, et seuls un grand écusson et la frise illustrant la Justice témoignent encore de l'intervention de Titien. La partie archéologique présente des céramiques trouvées dans la lagune.

Campo del Ghetto Nuovo C3

Évocation d'un amphithéâtre, ce *campo* est entouré de demeures inhabituellement hautes pour Venise, conséquence de l'impossibilité pour les Juifs d'établir leur résidence en dehors du quartier. Il règne sur le *campo*, que bordent quelques boutiques aux enseignes en caractères hébraïques (et pleines d'objets de culte, de bibelots en verre, de cartes postales et de livres), une atmosphère paisible. Si la présence d'une communauté juive est attestée au 10e s. sur la Giudecca, c'est au moment de l'attaque de la **Ligue de Cambrai** (1503) que les Juifs (qui n'avaient pas le droit, depuis un décret de 1395, de s'installer dans la cité) se réfugièrent en masse au centre de la Sérénissime. Ils sont alors confinés dans le quartier du Ghetto, officiellement créé en 1516. Reclus de minuit à l'aube dans le quartier, aux issues fermées, les Juifs peuvent circuler dans la ville durant la journée à la condition de porter le *segno giudaico* (un chapeau jaune ou avec des rubans jaunes, un voile jaune pour les femmes…). Les premiers Juifs vénitiens, chassés d'Allemagne et d'Europe de l'Est par les persécutions, ashkénazes, sont rejoints en 1541 par les Séfarades expulsés d'Espagne et du Portugal qui s'établissent dans le Ghetto Vecchio, les deux communautés vivant séparément. La **Grande Peste** de 1630 marque le début du déclin, tant de la République que de sa communauté juive, dont une grande partie abandonne la ville. Lorsqu'en 1797, Bonaparte ordonne l'ouverture des portes du Ghetto, ils ne sont plus que 3000 Juifs résidants. En 1866, lors de la réunification avec l'Italie, ils obtiennent l'égalité des droits. Le régime fasciste laissera la communauté en paix jusqu'aux lois raciales de 1938, avant qu'elle ne soit victime de rafles menées par les unités nazies basées à Trieste (237 personnes seront déportées). Aujourd'hui, la communauté est estimée à 500 personnes, dont une petite trentaine vit dans le Ghetto.

Museo Ebraico C3

(Musée hébraïque) *Cannaregio 2902/b - ✆ 041 715 359 - www.museoebraico.it - juin-sept. : 10h-19h : oct.-mai : 10h-17h30 - fermé sam., fêtes juives, 25 déc., 1er janv. et 1er mai - 3 €.* Établi dans la synagogue allemande *(Scuola tedesca)*, il retrace l'histoire de la communauté juive de Venise et présente de précieux objets de culte, essentiellement ornementaux ou destinés au maniement des rouleaux de la Loi, ainsi que des textiles brodés.

Synagogues du Ghetto★★ C3

✆ 041 715 359 - www.museoebraico.it - visite guidée en français sur réserv.,

Ca' d'Oro.

départ du Musée hébraique - fermé sam., fêtes juives, 25 déc., 1er janv. et 1er mai - 8,50 € (combiné avec le Musée hébraique).
Pour repérer ces synagogues situées à l'intérieur d'immeubles, levez les yeux vers les étages supérieurs : cinq fenêtres (autant que la Torah compte de livres) et des lanternes à hauteur des toits, indiquent souvent la présence du lieu de prière. Trois d'entre elles sont situées sur le Campo di Ghetto Nuovo : la **synagogue allemande (Tedesca)**, ashkénaze, située au-dessus du musée hébraïque, la **synagogue italienne**, et la **synagogue Canton**, dont le nom pourrait provenir du banquier qui la fit construire au 16e s. À peine plus au sud, sur le Campiello delle Scuole, se dresse la **synagogue espagnole (Scuola Spagnola)**, sans doute bâtie par **Baldassare Longhena** au 17e s.

Ponte dei Tre Archi B3

Réalisé à la fin du 17e s., par Andrea Tirali, traversant le canal de Cannaregio, il est le dernier exemple à Venise de pont à trois arches. Si sa pente douce est très agréable pour les piétons, elle gêne les bateliers qui doivent ralentir pour ne pas heurter un pilier.

San Giobbe B3

www.chorusvenezia.org - 10h-13h30 - fermé dim., 25 déc., 1er janv., Pâques et 15 août - 3 € ou Chorus Pass.
Bordée par un paisible *rio* où flottent quelques barques, cette église, dédiée à saint Job, a été construite au cours de la seconde moitié du 15e s. par **Pietro Lombardo**. Le portail de la façade est un bel ouvrage Renaissance dont la lunette contient un bas-relief représentant saint François et saint Job. À l'intérieur, remarquez la céramique vernissée de **Luca Della Robbia** sur les voûtains de la chapelle Martini, un retable de **Paris Bordone** ornant le quatrième autel à droite de la nef, et, dans la sacristie, un triptyque d'**Antonio Vivarini**.

Palazzo Labia★ C3

Ne se visite pas. Bâti en pierre d'Istrie, il fut construit à la fin du 17e s. pour une riche famille de marchands espagnols qui lui a donné son nom. Dans le **Salone delle Feste**, Tiepolo développa le thème des amours d'Antoine et de Cléopâtre (s'inspirant de la maîtresse des lieux de l'époque, Maria Labia). Cléopâtre y figure en costume du 18e s., dans les deux scènes de la rencontre et du banquet, où l'artiste a développé un bel effet en trompe l'œil. Dans la seconde scène, Cléopâtre, mécontente des présents qui lui ont été offerts, se fait apporter un verre de vinaigre dans lequel elle a l'intention de dissoudre la perle qu'elle tient à la main. Au plafond sont représentés le *Génie chevauchant Pégase*, le *Temps muni d'une hallebarde*, *Vénus entourée de petits amours* et la *Pyramide magique*, hommage récurrent à l'Égypte. Les autres salles distribuées autour du grand salon sont habillées de tapisseries de Bruxelles, de portraits de la famille Labia, de peintures en trompe l'œil et de mappemondes.

Madonna dell'Orto★ D2-3

www.chorusvenezia.org - 10h-17h - fermé dim., 25 déc., 1er janv., Pâques et 15 août - 3 € ou Chorus Pass.

L'**église du Tintoret** s'inscrit dans une magnifique perspective, dans l'intimité d'un campo pavé de briques, séparé du *rio* par la Fondamenta Gasparo Contarini. La façade, entre briques rouges et statues de marbre blanc, révèle les différentes phases de construction et de restauration de l'église, du 14e s. à la Renaissance.

Intérieur – À trois nefs, baigné d'une lumière chaude, il abrite des œuvres de qualité : le premier autel du bas-côté droit est orné d'un Saint Jean-Baptiste, chef-d'œuvre de **Cima da Conegliano**, mais l'église renferme aussi plusieurs toiles du **Tintoret**, lequel repose dans la chapelle absidale de droite. Ainsi cette *Présentation de la Vierge au temple* (1551) surmontant l'entrée de la chapelle San Mauro. C'est là qu'est vénérée la statue de la Vierge à l'Enfant qui donna son nom à l'église. Dans la chapelle axiale sont exposés *Le Jugement dernier* (mur de droite) et l'*Adoration du veau d'or* (mur de gauche). Le cul-de-four est orné des Vertus. De part et d'autre de *L'Annonciation*, vous verrez deux autres œuvres de l'artiste : *La Décollation de saint Christophe* et *Saint Pierre et l'apparition de la croix*. Enfin, en vous dirigeant le long du bas-côté gauche, vous pourrez admirer *Sainte Agnès ressuscitant le fils du préfet romain*.

Sant'Alvise★ C2

www.chorusvenezia.org - 10h-17h - fermé dim., 25 déc., 1er janv., Pâques et 15 août - 3 € ou Chorus Pass.

Cette église gothique, dédiée à saint Louis d'Anjou (Louis se dit Alvise en vénitien - *(voir encadré ci-dessous)* se dresse sur une place isolée. Si sa façade à double pente est sobre, l'uniformité du parement de briques est rompue par une rose, et un portail surmonté d'un gâble flanqué de pinacles.

Intérieur – L'entrée est couverte d'une tribune de chant, que soutiennent des colonnes à tambours et chapiteaux gothiques (15e s.). La visite vaut surtout pour les tableautins, à l'entrée à gauche, peints à la *tempera* au 15e s. et attribués à l'atelier de **Lazzaro Bastiani** (actif

Le songe d'Antonia

Né en 1274, **Louis d'Anjou**, *petit-neveu de Saint Louis, est le fils aîné de Charles II d'Anjou, roi de Naples ; mais il renonce à la couronne en faveur de son frère Robert pour entrer chez les franciscains. Consacré archevêque de Toulouse par Boniface VIII, il meurt six mois plus tard à l'âge de 23 ans et est canonisé en 1317, son culte se répandant très rapidement du sud de la France à l'Italie. En 1383, le saint apparaît en songe à la noble dame vénitienne* **Antonia Venier**, *qui décide de lui dédier la nouvelle église.*

entre 1449 et 1512). Se succèdent *Le Colosse aux pieds d'argile*, *Salomon et la reine de Saba*, *Raphaël et Tobie*, *Rachel à la source*, *Le Veau d'or*, *Joseph retrouvé*, *Josué et la prise de Jéricho* et enfin *La Pauvreté de Job*. Le mur de droite de la chapelle axiale est orné d'une *Montée au Calvaire* de **Tiepolo** (1749) qui réalisa également *La Flagellation* et *Le Couronnement d'épines*.

Santa Maria dei Miracoli★★ E4

Campiello dei Miracoli, Cannaregio 6075 - www.chorusvenezia.org - 10h-17h - fermé dim., 25 déc., 1er janv., Pâques et 15 août - 3 € ou Chorus Pass.

Avec son architecture raffinée et sa décoration de marbres polychromes, l'église appartient aux modèles toscans du 14e s. Bâtie par **Pietro Lombardo**, entre 1481 et 1489, elle est un exemple de l'art de la Renaissance.

Façade – Ce ravissant « coffret de marqueterie » est entièrement revêtu de plaques de marbres polychromes incrustées de médaillons et de croix de porphyre rouge et vert.

Intérieur – De proportions réduites mais harmonieuses, cet écrin, au couvercle formé par une riche voûte en berceau, est garni de panneaux rectangulaires de marbres polychromes aux tonalités douces de rose, de gris et de blanc, incrustés de médaillons de porphyre. Le pavement, lui aussi, est tout en marbre. De belles corniches sculptées courent le long des parois. L'ensemble à nef unique et le chœur surélevé sont largement éclairés par les baies de la nef et les petites ouvertures de la coupole. Dans les cinquante caissons dorés et sculptés de la voûte (16e s.) sont représentés des prophètes et des patriarches. Sur l'autel est placée la *Vierge à l'Enfant* de Nicolò di Pietro, prétexte à la construction de l'église.

I Gesuiti★ E3

(Église des Jésuites)

10h-12h, 15h30-17h30. Sa façade en marbre blanc de style baroque est décorée de statues. Parmi elles, se démarque sur le tympan, *L'Assomption de la Vierge*, à qui l'édifice est dédié. L'église actuelle fut érigée entre 1715 et 1729 à l'emplacement de l'ancienne église Santa Maria dei Crociferi, élevée en 1150.

Son choeur★★est frappant par l'originalité de la décoration réalisée en marbre vert et blanc, véritable tapisserie prenant, à hauteur de la chaire, l'aspect d'un drapé chargé, et offrant, sur les marches du maître-autel, l'illusion d'un tapis aux plis fort réalistes. Le premier autel à gauche accueille un retable de **Titien**, *Le Martyre de saint Laurent*, et dans le bras gauche du transept, *L'Assomption de la Vierge* du **Tintoret**.

La sacristie abrite un cycle pictural de **Palma le Jeune**, comprenant notamment des scènes bibliques, des scènes de la Passion et des évocations de l'ordre des Porte-Croix.

Depuis l'église, n'hésitez pas à rejoindre la Fondamente Nove, d'où par beau temps, on peut admirer la chaîne des Alpes.

Quartier de Castello, Campo Santa Maria Nova et église Santa Maria dei Miracoli.

Giudecca

Ancienne villégiature de la noblesse vénitienne, constituée de huit petites îles reliées par des ponts, elle offre aux visiteurs la certitude de la quiétude.

➔**Accès :** Stations Redentore, Palanca, Sacca Fisola.
➔**Conseil :** Giudecca se prête parfaitement aux déambulations de fin d'après-midi.

Riva San Biagio B-C7

Voici un endroit idéal pour contempler à loisir l'autre rive du canal, avec l'alignement des palais des Zattere occupés par les compagnies de navigation, sur la droite de la gare maritime. Côté île, quelques palais délabrés font bientôt place à des équipements industriels, comme les **entrepôts Fortuny** (où l'on continue à fabriquer les « tissus artistiques » suivant les dessins originaux de **Mariano Fortuny**) ou l'ancien moulin Stucky (reconverti en hôtel de luxe).

Il Redentore★ D8

(Église du Rédempteur)
www.chorusvenezia.org - 10h-17h - fermé dim., 25 déc., 1er janv., Pâques et 15 août -3 € ou Chorus Pass.
En 1575, la peste sème le deuil à Venise. Le doge **Alvise Mocenigo I** fait alors le vœu d'ériger une église consacrée au Rédempteur, où chaque année le peuple de Venise se rendra en procession solennelle, si la ville est libérée du fléau. Cette promesse a été tenue et la **fête du Rédempteur** a été instituée. Chaque troisième dimanche de juillet, jour de la procession, un pont de bateaux traverse le canal de la Giudecca. Le samedi soir, depuis la Riva degli Schiavoni on admire le feu d'artifice dont les gerbes lumineuses lacèrent le ciel avant de retomber dans les eaux de la lagune.
Extérieur – De style classique, la façade est précédée d'un escalier. Les statues des niches représentent saint Marc et saint François, dominées par celles de saint Laurent Giustinian, premier patriarche de la cité des Doges, et de saint Antoine de Padoue.
Intérieur – Très lumineuse, l'église à nef unique, flanquée de chapelles latérales, présente un programme iconographique sur le thème de la douleur humaine que partage le Christ, de l'Incarnation jusqu'au sacrifice ultime (autel) racheté par la Résurrection. Ce cycle pictural impose une direction à la visite, en commençant par la droite. Première chapelle : *La Nativité* de **Francesco Bassano** ; 2e chapelle : *Le Baptême du Christ* de l'atelier de Véronèse ; 3e chapelle : *La Flagellation* de l'atelier du Tintoret, *La Montée au Calvaire* et *La Crucifixion*. Se distinguent également une *Déposition de croix* de **Palma le Jeune**, *La Résurrection de Bassano*, et *L'Ascension* du **Tintoret** (et de son atelier). La sacristie renferme de nombreuses œuvres dont *Le Baptême de Jésus* de Véronèse.

Isola di San Giorgio Maggiore★★

Connue pour son église aux magnifiques œuvres d'art, cette île constitue un petit havre de paix non loin de l'effervescente place Saint-Marc, et offre une vue exceptionnelle sur le bassin de Saint -Marc.

➔**Accès :** Ligne 2 depuis le Grand Canal ou le canal della Giudecca.
➔**Conseil :** Profitez d'un temps clair pour monter, tôt le matin, au campanile.

San Giorgio Maggiore★ E - F7

Dessinée par Palladio, l'église est dédiée aux saints Georges et Étienne.

Intérieur – Dans le chœur, les deux grandes toiles du Tintoret représentent *La Cène* et *La Récolte de la manne dans le désert*. L'autel est décoré de statues dues à **Girolamo** et **Giuseppe Campagna** (fin du 16e s.). Derrière la colonnade, le chœur en bois est un ouvrage du flamand Van der Brulle (1595), dont les sculptures illustrent la vie de saint Benoît. Par la porte située à droite, vous accéderez à la chapelle de la *Déposition (ouverte pour les offices dominicaux)* : ce tableau est la dernière œuvre du Tintoret.

Campanile★★★ – *Accès sur la gauche, au-delà du bras du transept - 9h30-12h30, 14h30-16h30 ou 18h30 - 3 €.* Érigé sous sa forme actuelle en 1726 par Scalfarotto, il offre la plus belle **vue** sur Venise et sa lagune : à gauche, l'île de la Giudecca et la pointe de Dorsoduro et la Dogana da Mar ; en face, le paysage de la ville hérissée de campaniles avec, au premier plan, la place Saint-Marc ; sur la droite, derrière la Riva degli Schiavoni, San Francesco della Vigna et, derrière, le cimetière et Murano qui se fond doucement dans la brume.

Fondazione Giorgio Cini

✆ 041 22 01 215 - www.cini.it - visites guidées le w.-end 10h-17h (16h d'oct. à mars) ; visites en français ou en anglais à 11h, 13h, 15h et 17h en saison - 10 €. Cette fondation privée, aux activités culturelles, est dotée de deux **bibliothèques**, l'une dessinée par Longhena au 17e s., l'autre, « la Nuova Manica Lunga », occupant l'ancien **dortoir** des pères bénédictins du 15e s., de **cloîtres**, d'un **réfectoire** où se sont conjugués les talents de Palladio et de Véronèse, d'un **Teatro verde** et d'un **labyrinthe** en l'honneur de l'écrivain Borges, selon les plans de Randoll Coate. **Vittorio Cini** (1885-1977), financier, fut l'un des rares ministres qui aient osé se prononcer contre la guerre et tenir tête à Mussolini et Göring. Mécène éclairé, il savait aussi être humble et soucieux de servir les grandes causes humaines. Déchiré par la mort de son fils Giorgio en 1949 dans un accident aérien, il lui dédia la fondation qu'il créa dans une perspective d'enrichissement culturel et humain.

Les îles de la lagune

Séparée des pleines eaux de l'Adriatique par une bande sablonneuse, située à quelques minutes de Venise, la lagune est tapissée de petites îles dont chacune possède son propre caractère et ses atouts touristiques.

➔**Accès :** Lignes 1 ou 2 pour le Lido ; ligne 41/42 pour San Michele (arrêt Cimitero) et Murano, ligne LN pour Burano, LN puis T pour Torcello *(voir carte ci-contre).*
➔**Conseil :** Selon votre destination et vos centres d'intérêt, comptez à chaque fois et au minimum une demi-journée de visite, un peu moins pour San Michele.

San Michele F2-F3

Comme un balcon donnant sur la Sérénissime, ce petit ban de terre épargné par les eaux est le cimetière des Vénitiens et de quelques figures artistiques depuis 1807.
Église San Michele in Isola – L'île est dominée par son église en pierre blanche d'Istrie dessinée par Mauro Codussi, première église Renaissance à Venise, remarquable par sa façade simple, sa partie basse à bossages, son élégant portail surmonté d'un tympan, d'une statue de la Vierge et d'une rose.
Cimitero – *Avr.-sept. : 7h30-18h ; oct.-mars : 7h30-16h.* Il fut créé par Napoléon pour des raisons sanitaires. Un fléchage indique les cimetières : « grec » (c'est-à-dire orthodoxe) et « évangélique », (c'est-à-dire protestant). Véritables havres de paix, contrastant avec les alignements de tombes tracés au cordeau dans la partie principale du cimetière et l'aspect pompeux de l'ensemble, ces deux enclos séduisent par leur côté presque sauvage, mélancolique. Du **côté grec** reposent le créateur des Ballets russes, Serge Diaghilev (1872-1929), le compositeur Igor Stravinski (1882-1971), Russe naturalisé Français puis Américain, mais Vénitien de cœur. Le **secteur protestant** abrite la dernière demeure du poète Ezra Pound (1885-1972), enseveli à gauche en entrant, entre l'allée centrale et le mur d'enceinte, au croisement de deux allées. La tombe de l'écrivain Joseph Brodsky (1940-1996), prix Nobel en 1987, se situe sur la droite en empruntant l'allée de gauche au croisement.

Le Lido★

Plage des Vénitiens, lieu des palaces mythiques, le Lido est un centre de villégiature à l'atmosphère un peu décadente mais aussi le siège de la **Mostra**, le festival de cinéma *(voir encadré p. 100)*. Le Lido, en cours de rénovation, a quelque peu perdu de sa superbe ; les travaux devaient y être finis pour le 150e anniversaire de l'Unité italienne en 2011 mais c'est encore un trou béant qui s'ouvre sur le Piazzale Casino. Devraient y voir le jour une nouvelle « porta d'acqua », œuvre de Pierfrancesco Fugali et Luca Gasperini, et un nouveau **Palazzo del Cinema e dei Congressi**, un projet italo-français des

LA LAGUNE VÉNITIENNE
0 5 km
N
Digue
"Barene" (bancs de sable)
Villa
Zone industrielle
Phare
Laguna morta: ... Lagune où la marée agit très peu
Laguna viva: .... Lagune où la marée agit pleinement
Marocco
Zelarino
Dese
Favaro Veneto
Tessera
DESE
Mirano
Spinea
Gazzera
MESTRE
MARCO POLO
Chirignano
A 4
Marghera
Porto Marghera
S. Giuliano
Ponte della Libertà
Widmann-Foscari
Oriago
R 11
Valmarana
Malcontenta
Mira
Foscari
Riviera del Brenta
Naviglio Brenta
Fusina
S 309
Laguna Morta
BACINO DI LIDO
Torcello ★★
I. Mazzorbo
Burano ★★
Laguna Viva
Lazzaretto Nuovo
S. Francesco d. Deserto
★★ Murano
San Michele
S. Erasmo
Treporti
Ca' Savio
★★★ VENEZIA
Le Vignole
Punta Sabbioni
Litorale del Cavallino
San Nicolo
Sta Maria d. Grazia
S. Servolo
Porto di Lido
S. Clemente
Lido ★
S. Lazzaro d. Armeni
S. Spirito
Poveglia
Lazzaretto Vecchio
Lugo
Malamocco
LITORALE DI LIDO
MARE ADRIATICO
Alberoni
Laguna Morta
BACINO DI MALAMOCCO
Porto di Malamocco
S. Pietro in Volta
LITORALE DI PELLESTRINA
Laguna Viva
Pellestrina
BACINO DI CHIOGGIA
BRENTA
Porto di Chioggia
Chioggia
Sottomarina

architectes 5 + 1AA & Rudy Ricciotti. C'est autour de 1860 que s'installent les premiers « centres balnéaires » sur la plage du Lido. Deux palaces de légende s'élèvent bientôt face à l'Adriatique, l'Hôtel des Bains et l'Excelsior, attirant une clientèle internationale. C'est toute une vie mondaine estivale qui se déroule face à la mer, tandis que s'édifient de belles villas dont l'architecture, dans la lignée de l'historicisme viennois, emprunte à tous les styles avant d'opter résolument pour le style Liberty (Art nouveau). Cette période de faste connaît un certain déclin au milieu des années 1930, jusqu'à la création du **Festival international du cinéma** *(voir encadré ci-dessous)* qui a donné un temps un nouveau souffle à la station balnéaire. L'Hôtel des Bains où logeait le jury du Festival, a été récemment transformé en appartements de luxe, symbole d'un nouveau changement d'époque.

Piazzale del Casinò – Trois établissements emblématiques bordent cette place *(en travaux)* : au **Casino Municipal** construit entre 1936 et 1938 par Eugeno Miozzi, aujourd'hui fermé, répond l'actuel **Palazzo della Mostra del Cinema**, haut-lieu du septième art. Au-delà, posé sur la plage et desservi par un canal conduisant à la lagune, l'**hôtel Excelsior**, néo-mauresque, a été construit entre 1898 et 1908 par Giovanni Sardi.

Lungomare Guglielmo Marconi – Sur la droite du Piazzale Bucintoro, ce boulevard de front de mer longe la plage, ses alignements de cabines multicolores et de parasols. L'autre côté du boulevard, ombragé, est occupé par une série de villas. Remarquez celle du n° 24, avec son « observatoire » installé au sommet de la tourelle qui la coiffe.

La Mostra

Un peu d'histoire – *La* « Mostra Internazionale d'arte cinematografica » *fut créée en 1932 à l'initiative du* **comte Volpi di Misurata** *et de* **Luciano De Feo**, *alors secrétaire général de l'Institut international de cinématographie éducative. L'***hôtel Excelsior** *accueillit les projections avant de céder la place, en 1937, au* **Palais du Cinéma** *agrandi en 1952. Depuis (sauf pendant la Seconde Guerre mondiale), la Mostra, intégrée à la fameuse Biennale, présente chaque année, début septembre, une sélection de films inédits. La plus haute distinction qu'elle décerne, depuis 1948, est le Lion d'Or. Son exigence de qualité et les choix parfois audacieux de ses jurys successifs en font le rendez-vous incontournable des cinéphiles du monde entier.*

Quelques Lions d'Or – Sandra *de Luchino Visconti (1965),* Belle de Jour *de Luis Buñuel (1967),* Gloria *de John Cassavetes,* Qui Ju, une femme chinoise *de Zhang Yimou (1992),* Hana-Bi *de Takeshi Kitano (1997),* Still Life *de Jia Zhang-ke (2006),* Lust, Caution *d'Ang Lee (2007),* Lebanon *de Samuel Maoz (2009),* Somewhere *de Sofia Coppola (2010),* Faust *d'Alexandre Sokourov (2011).*

Île de Murano★★ F1

Célèbre centre verrier depuis le 13e s., Murano est un bourg typique de la lagune formé par la réunion de cinq îlots.
Museo del Vetro★ – *www.visitmuve.it - nov.-mars : 10h-17h ; avr.-oct : 10h-18h - fermé 1er janv., 1er mai et 25 déc. -8 € ou Museum Pass.* Le musée de l'**Art du verre** présente un panorama complet de l'évolution du travail du verre au cours des siècles. Au rez-de-chaussée, la **salle archéologique** abrite une collection de vases, de coupes, d'urnes cinéraires et de bijoux de l'Antiquité. Au premier étage se déclinent les étapes de la technologie traditionnelle de la fabrication du verre et de sa mise en couleurs. Suivent l'évolution de l'art du verre à Murano et les différentes innovations au cours des siècles dans le domaine de la décoration : le verre décoré de peinture *a freddo*, le verre à filigranes, le verre *graffito* où la décoration est gravée à l'aide d'une pointe de diamant, ou encore le verre dit *a festoni* ou *pettinato*, décoré de fils de couleurs.
Santissimi Maria e Donato★★ – *9h-12h, 15h30-19h - fermé dim. apr.-midi.* Ce chef-d'œuvre d'église semi-circulaire, de l'art vénéto-byzantin du 12e s., foisonne d'éléments décoratifs. Deux rangées d'arcatures, séparées par des colonnettes géminées en marbre blanc aux chapiteaux à feuillages et à palmettes, s'y développent.
L'intérieur présente un magnifique **pavement de mosaïques**.
Parmi celles-ci, riches en éléments symboliques et animaliers, remarquez la scène symbolisant la victoire de la vigilance sur l'astuce représentée par deux coqs s'emparant d'un renard *(entre la 2e et la 3e colonne de droite).*

Île de Burano★★

Elle est l'île la plus colorée de la lagune. Ses maisons, dont les façades se parent des tons les plus intenses de l'arc-en-ciel, bordent des ruelles tranquilles entre les canaux. C'est aussi le fief de la dentelle.
Piazza Baldassare Galuppi – Cette place principale de Burano honore le célèbre musicien, natif de l'île. Une statue au centre de ce vaste espace, dominé par l'église San Martino et le palais abritant le musée de la Dentelle, est dédiée à l'enfant du pays.
Museo del Merletto – *Piazza Baldassare Galuppi - www.visitmuve.it - nov-mars : 10h-17h ; avril-oct : 10h-18h - la billetterie ferme 1h av. - fermé lun., 1er janv., 1er mai, 25 déc. - 5 € ou Museum Pass.* Au **musée de la Dentelle**, vous pourrez découvrir une collection de cols, nappes, ombrelles, couvre-lits, napperons, mouchoirs et autres garnitures. C'est aussi l'occasion d'observer les différences de l'art minutieux des dentellières.
Giudecca et Pescheria – Si vous souhaitez explorer plus avant l'île, loin des sentiers touristiques, et apercevoir quelques authentiques dentellières, prenez sur la droite de l'église le Rio Terrà del Pizzo, puis la Calle Providenza, accessible par un *sottoportego* donnant accès au Rio della Giudecca, encadré par les Fondamenta della Giudecca et della Pescheria. C'est ici l'authentique Burano, entre les vieilles dames assises sur le pas de leur porte, et occupées à

leur ouvrage, les pêcheurs réparant leurs filets et les gamins chahuteurs.

Île de Torcello★★

Se procurer les tickets pour l'ensemble des monuments à l'entrée de la basilique - www.assap.provincia.venezia.it - 3 € basilique, campanile 2 €, billet combiné basilique- campanile- musée archéologique 6 €. Perdue au milieu de la lagune, Torcello possède un charme trempé de mélancolie. Autrefois cité prestigieuse et siège épiscopal, elle attire aujourd'hui les touristes pour les mosaïques exceptionnelles de son église.

Santa Maria Assunta

nov-fév. : 10h-17h ; mars-oct : 10h30-18h (dernière entrée 30mn av..). Érigée en 639, la basilique fut transformée aux 9e et 11e s. Elle présente une façade de brique rythmée par des pilastres.

Intérieur – La réputation de l'église, divisée en trois nefs, repose surtout sur la noblesse et la luminosité des **mosaïques★★**, probablement réalisées par des artistes de Ravenne. Dans l'arc de l'abside, *L'Annonciation* représente la Vierge, un fuseau à la main. Au centre figure *La Vierge à l'Enfant* (13e s.) : la fenêtre vers l'est symbolise le Christ.

Jugement dernier – *Au revers de la façade.* Réparties sur six registres, ces mosaïques datent des 12e et 13e s. Ce thème, à lire de haut en bas, se décompose en deux parties : le Jugement même, illustré dans la partie inférieure, la mort et la Résurrection du Christ dans la partie haute. Ce sont autant de petites scènes magnifiques où se succèdent la Crucifixion et la Descente aux enfers figurant Adam et Eve, Jean-Baptiste, David et Salomon, les archanges Gabriel et Michel, un fleuve de feu coulant jusqu'à l'enfer. Au Triomphe de la croix correspond la lance, l'éponge, la couronne d'épines et le livre de la vie, les morts s'extirpant des entrailles de la terre et des profondeurs de la mer. La Séparation des élus et des damnés est orchestrée par saint Michel, avec sa balance et deux diables cornus, Lucifer étant assis sur Léviathan. Dans la Punition des damnés, les luxurieux et orgueilleux sont précipités dans les flammes, les gourmands se rongent les mains, les coléreux sont immergés dans les eaux froides, les avares ont la tête tranchée. Le Paradis, où pousse le pavot, est habité par saint Michel et saint Pierre muni de ses clefs.

Campanile

nov-fév. : 10h-17h ; mars-oct : 10h30-17h30 (dernière entrée 1h av..). Derrière la basilique s'élève le campanile du 11e s. Il offre une **vue★★** splendide sur la lagune.

Santa Fosca

De forme octogonale, cette église présente un beau portique à arcs surhaussés vénéto-byzantins reposant sur des colonnes de marbre à beaux chapiteaux sculptés, dont une extension la relie à la basilique. L'intérieur, à la sobriété hiératique, est couronné par un tambour circulaire en bois. Outre ses volumes harmonieux, vous pourrez admirer de magnifiques colonnes en marbre grec, coiffées de splendides chapiteaux à feuillage. Le **musée** renferme des vestiges liés à l'histoire de Torcello.

Les dentellières de Burano.

Venise au quotidien.

C. Labonne/MICH

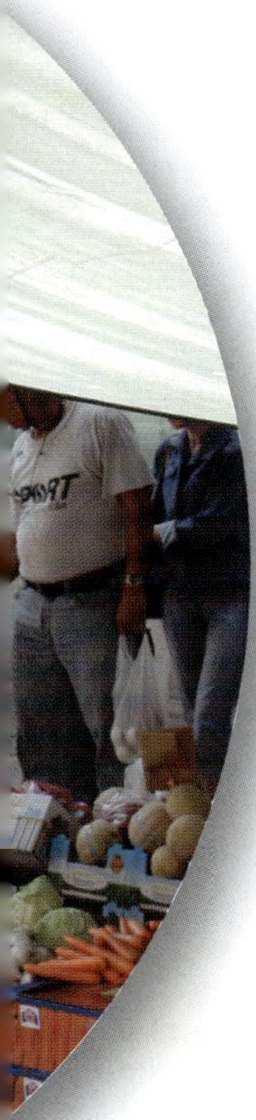

Pour en savoir plus

La lagune

Un environnement fragile

Séparée des pleines eaux de l'Adriatique par une étroite bande sablonneuse de « lidi », la lagune vénitienne est un milieu naturel instable ; s'étalant sur 550 km^2, elle s'est formée à l'époque postglaciaire entre Ravenne et Aquileia (Aquilée), à la confluence des fleuves provenant des Alpes et des Apennins *(voir carte p. 99)*. Soumise aux marées et aux tempêtes comme à l'ensablement, la lagune est un milieu particulièrement fragile.

Le paysage lagunaire

La mer, qui constitue une menace pour son fragile équilibre mais garantit le renouvellement des eaux par le jeu des marées, y pénètre par trois passes, ou **bouches du port** : la passe du Lido, celle de Malamocco et celle de Chioggia, toutes pourvues de digues réalisées aux 19e et 20e s. Les grandes **îles** habitées et autres îlots déserts occupent près de 4 000 ha ; les 40 000 ha restants sont le domaine des eaux.

Les fonds sont peu importants : en général, pas plus de 1 à 2 m, et au maximum 8 à 10 ; à marée basse, sur les grandes étendues lagunaires, il n'est pas rare de les voir apparaître.

Cependant, la lagune n'est pas un étang : elle se compose en fait d'un réseau complexe de **canaux**. Les axes ouverts à la navigation sont balisés par les **brìcole** (pieux de bois liés en faisceaux), dont le nombre, la couleur et la forme varient selon un code de signalisation très précis. La profondeur des canaux augmente à proximité des passes d'entrée. À mesure que l'on s'éloigne de la mer et que l'on pénètre dans la lagune, les canaux disparaissent ; devenus minuscules, ils serpentent à travers les *barène* – bancs de sable affleurant à peine la surface de l'eau –, et à ce stade, prennent le nom de *ghebi*, s'achevant dans des *chiari*, bassins d'eau saumâtre.

Un équilibre précaire

La lagune forme un délicat système en « équilibre » entre l'ensablement dû à un apport de matériaux excessifs par les fleuves et l'envahissement par la mer en cas d'insuffisance de ces sédiments. Elle est mise à rude épreuve avec la montée générale du niveau de la mer, en lien avec le réchauffement climatique, et avec un phénomène d'affaissement du sol (subsidence) à la fois naturel et amplifié par les nombreux puits creusés au 20e s. Les *barène*, essentiels au maintien de l'écosystème, recueillent les sédiments et arrêtent la mer, mais le dragage des canaux et le mouvement des eaux provoquent peu à peu l'effondrement des fonds et la disparition des bancs de sable.

Un « Acqua Alta » alarmant

Le phénomène de « l'eau haute » dite **acqua alta**, qui se produit entre septembre et avril, se déclenche lorsque la marée atteint ou dépasse la cote de 1,10 m (or une marée moyenne de 70 cm suffit à inonder la place Saint-Marc ; 30 cm de plus, et les rues sont envahies).

En 1966, en lien avec des conditions météorologiques désastreuses qui causèrent des inondations dans tout le nord de l'Italie, l'*acqua alta* fut particulièrement grave, le marégraphe de Punta de la Salute enregistrant une marée montant à 1,94 m. De cette époque datent les prévisions alarmistes sur l'avenir de la ville. La situation empire et en 2010, l'eau a dépassé le seuil des 80 cm 202 fois, et celui des 1,10 m 18 fois !

Une lagune en danger

Une pollution préoccupante

En raison du détournement des fleuves dès le 15e s., les eaux ne sont plus que partiellement renouvelées, ce qui contribue à l'accumulation de déchets polluants. Le phénomène s'est aggravé au cours du 20e s., qui a « offert » à ce site naturel les cadeaux empoisonnés de Mestre et de Porto Marghera, zones industrielles avec leur cohorte de pétroliers. Entre 1950 et 1970, des quantités énormes de déchets industriels ont été déversées dans la lagune, détruisant flore et faune et contribuant au développement d'algues géantes *(Ulva rigida)*. Les pharénogames, plantes aquatiques dont les racines stabilisent les fonds, ont souffert. Le traitement en amont des déchets industriels et eaux usées a diminué cet impact mais la circulation dans la lagune renforce la présence d'hydrocarbures.

La rogne contre les « *grandi navi* »

Le percement de chenaux à grande profondeur, véritables « autoroutes des mers » pour pétroliers et navires de croisière, facilite l'entrée de la mer dans la lagune, déstabilisant l'écosystème. Mais ce n'est pas là le seul problème ! Venise accueille plus de 300 navires de croisière par an et les Vénitiens voient d'un mauvais œil ces immeubles flottants qui croisent dans le bassin de Saint-Marc. La pression qu'exercent les masses d'eau sur les fondations de la ville et la pollution engendrée par les moteurs inquiètent. Le récent naufrage du Costa Concordia n'a fait qu'amplifier les protestations.

Sauver Venise des eaux

En 1973, l'État italien fait de la sauvegarde de la ville une « question d'intérêt national ». Depuis, de nombreux aménagements ont vu le jour: le littoral de Cavallino a été remis en état avec un renforcement des dunes, près de Chioggia, les *barène* ont été restaurées. Le draînage des canaux a été complété par un ramassage des algues. Et pour lutter contre les plus grandes marées, la solution retenue a été la mise en place de structures mobiles aux trois embouchures portuaires. C'est le système judicieusement appelé **M.O.S.E.** *(Modulo Sperimentale Elettromeccanico)* en référence au prophète Moïse (*Mosè* en italien) sauvé des eaux. Le projet, qui prévoit la pose de 79 vannes à clapet, conçues pour réguler le flux de la marée, a été lancé fin 2001, non sans soulever des polémiques sur son coût exorbitant et ses faiblesses écologiques. Les travaux devraient aboutir en 2014. *Pour plus d'informations, consultez www.salve.it.*

Une ville sur l'eau

Auteur prolifique, professeur d'esthétique et d'histoire de l'art, Sergio Bettini, jugeait dans un livre consacré à sa cité natale que « Venise est une ville entièrement édifiée par l'homme, y compris son propre sol ». En effet, la Sérénissime n'a pas été édifiée au ras de l'eau, mais dans l'eau…

La construction sur pilotis

Un terrain instable – Les nombreux bancs de sable de la lagune émergent pour certains, donnant naissance à des îles, tandis que d'autres restent plus ou moins à fleur d'eau, offrant également une base pour construire. Dans les deux cas, les fondations sont tributaires du terrain sablonneux, plus ou moins vaseux, qui forme le fond de la lagune.

Les fondations – La technique consiste à enfoncer dans le sol des pieux de mélèze ou de chêne (les *pali*) jusqu'à la couche d'argile dure, plus profonde. Ces pieux, de 2 à 4 m de long, sont disposés en cercles concentriques ou en spirale, en partant du contour de l'édifice à bâtir pour arriver jusqu'à son cœur. Espacés de 60 à 80 cm, ils offrent une base sur laquelle sont fixées des poutres croisillonnées.

Au-dessus, des blocs de **pierre d'Istrie** (résistant au sel marin) servent d'assiette à un soubassement en brique et mortier sur lequel est édifié le bâtiment. Le nombre de pilotis nécessaires peut être exorbitant : il en fallut 1 106 657 pour l'église de la Salute…

Les matériaux – Presque inexistants dans la lagune, ils peuvent venir de loin. Jadis abondant sur la terre ferme, le **bois** s'est ensuite raréfié et a été acheminé depuis les forêts du Cadore (Alpes) et les Balkans. Il sert essentiellement pour les pieux des fondations, les poutres des charpentes et les plafonds des maisons.

Le **marbre**, qui recouvre les façades, provient des collines Euganéennes (au sud de Padoue) ou de Grèce.

Le **calcaire d'Istrie**, dur, blanc comme du marbre, sert aux finitions : revêtements de façades, de campaniles, portails d'église…

Seule la **brique** peut être fabriquée sur place à partir de l'argile locale : très utilisée à l'époque gothique, elle donne son unité chromatique à la ville.

L'urbanisme

Les ponts – Indispensables dans cette ville sillonnée de canaux, ils font partie de la vie quotidienne à Venise. Au total, on dénombre **446 ponts**, la plupart en pierre, quelques-uns en fer, et le reste en bois. Ils offrent près de 10 000 marches aux piétons, seules dénivellations d'une ville bâtie au ras de l'eau et plate par définition. Ce sont aussi des ascensions renouvelées, épuisantes au bout d'une journée de promenade. La plupart de ces ponts étaient jadis dépourvus de parapets. Seuls le **ponte Chiodo**, entre les *fondamente* de San Felice et de la Chiesa, et le ponte del Diavolo à Torcello, en témoignent aujourd'hui.

Autre caractéristique vénitienne, à l'exception du ponte dei Tre Archi dans le quartier Cannaregio, la cité s'est dotée de **ponts à arche unique**, dont le plus fameux est, bien sûr, le **Rialto** *(voir p. 49 et 69)*.

Le campo – À Venise, l'urbanisme refléte un art de vivre, comme le montre l'exemple du *campo*. De ces grandes places dotées d'une église et parfois ombragées d'arbres ou bordées d'un *rio*, convergent les *calli* avoisinantes. Centres de la vie communautaire, c'est là que les enfants jouent et que la population du quartier se retrouve en fin de journée. Lieux de réjouissances publiques, ils accueillent les fêtes de quartier ou des manifestations diverses, du vide-grenier au cinéma en plein air. Au centre, le **puits**, qui conserve l'eau de pluie, occupe une place privilégiée. La margelle, appelée *vera da pozzo*, est souvent une œuvre d'art, comme celle du Campo dei Santi Giovanni e Paolo, attribuée à Sansovino *(voir p. 86)*.

Le *campo* est à distinguer de la *corte*, cour publique à un seul accès, et du *cortile*, cour intérieure de la maison patricienne. De nos jours, une partie de sa surface est occupée par des terrasses de cafés ou de restaurants.

Maisons et palais – Outre le campo, Venise se distingue par son habitat, où dentelles de pierre, ornements des toits, loggias et autres arcatures se veulent une réponse aux effets miroitants des canaux. À l'exception du Ghetto, les **maisons** sont basses en raison de l'instabilité du terrain, qui se manifeste par une inclinaison des édifices plus importants. Les **palais**, construits en brique ou en pierre, ont parfois deux entrées : l'une sur la *calle*, l'autre sur le canal où s'ouvre le porche d'eau. Au 1er étage, dit « étage noble », le *portego di mezzo*, salon tout en longueur, ouvre à la fois sur le canal, par une belle loggia ajourée, et sur la cour intérieure. L'*altàna*, typique **terrasse** vénitienne, couronne souvent le toit de tuile où s'élèvent les hautes cheminées de forme évasée appelées *fumaioli*. Le terrain étant rare, pour profiter du soleil, les Vénitiens ont pris l'habitude de percher ces petites terrasses de bois sur des piliers de briques, qui prennent appui sur les toits.

La gondole

Partie intégrante de la construction vénitienne, flottant au-dessus des eaux, la gondole demeure la plus célèbre des embarcations de la cité des Doges, dont la première mention remonte à 1094 : elle est alors massive et armée de tout un équipage de rameurs. Au fil des siècles, elle s'orne de décorations, à la poupe et à la proue, s'allonge, se dote d'une cabine amovible, s'agrémente de couleurs vives, de soie et de velours, et d'un blason. Au 17e s., une esthétique plus austère s'impose : la couleur noire l'emporte. Aujourd'hui, la gondole mesure près de 11 m de long, 1,42 m de large et se compose de 280 pièces de bois différentes. Délaissée des Vénitiens au profit des canots à moteur, réservée à la promenade des touristes, elle est toutefois utilisée dans la vie quotidienne, *via* le *traghetto* permettant de traverser le Grand Canal *(voir p. 15)*.

Histoire

Les invasions barbares (2e-9e s.), en poussant les habitants de la terre ferme vers les îles insalubres de la lagune, ont donné naissance à la cité. Si le génie diplomatique, commercial et militaire des Vénitiens, ont fait de la Sérénissime une ville puissante, ce ne fut pas sans remous.

Naissance de Venise

Venise est fondée vers le milieu du 5e s. par les habitants de Malamocco, près du Lido. Fuyant les Francs, ils s'établissent sur les îles plus sûres du Rivo Alto (Rialto actuel) et en 697, élisent leur premier chef ou **doge**, Agnello Partecipazio. L'aventure millénaire de la Sérénissime République vient de commencer. Un autre événement symbolique suit de peu : l'enlèvement du corps de saint Marc, ramené en 828 d'Alexandrie à Venise où, l'année suivante, selon le testament du doge Partecipazio, débute le chantier de la basilique qui portera son nom.

Une puissance navale

Venise s'épanouit (9e -13e s.)

Venise va exploiter sa position privilégiée entre l'Orient et l'Occident.

Essor du commerce – La puissance maritime et commerciale de la ville lui permet de conquérir des marchés importants en Istrie et en Dalmatie. D'abord spécialisés dans le commerce fluvial, les Vénitiens échangent les objets précieux achetés aux Byzantins, ou aux Sarrasins (soieries, épices), sans oublier les denrées issues de la lagune (sel et poissons) ou de ses abords (le bois), ni le commerce des esclaves, vite florissant et qui est peut-être l'une des raisons pour lesquelles les Vénitiens se tournent vers la mer ; l'autre est la demande forte de bois de construction qui abonde sur les rives de l'Adriatique. Cette richesse en bois stimule d'autant plus la construction navale.

Essor de l'agglomération – Sur la terre ferme, le territoire vénitien ne déborde guère de la lagune et de ses îles peuplées de pêcheurs et de saliniers ; mais la cité se développe, la place Saint-Marc en représentant le centre ; l'aménagement de Dorsoduro, occupé par un marais, est en cours depuis le 9e s. La cité compte une soixantaine d'églises, autour desquelles se regroupent autant de villages séparés par des marécages, et les constructions envahissent les vignes et les champs qui subsistent. En 1175, un premier pont de bois, le pont du **Rialto**, est lancé sur le Grand Canal.

Mise en place des institutions – Pour autant, la méfiance des Vénitiens vis-à-vis de tout ce qui peut ressembler à une monarchie entraîne une adaptation des institutions, où les pouvoirs du doge se trouvent diminués.

D'une part, les autorités ecclésiastiques sont exclues définitivement de la gestion des affaires publiques ; d'autre part, dès 1172, le doge est assisté d'un organe consultatif, le **Grand Conseil**.

Six conseilliers (un par *sestiere*) assistent le Doge, formant le **Petit Conseil**. Le **Conseil des Quarante** s'ajoute bientôt pour assurer la collégialité du pouvoir. Le **Sénat** apparaîtra en 1255.

Vers l'Orient – En 1204, grâce à la ruse habile de son doge Dandolo, la ville conquiert Constantinople avec l'aide des Croisés. Les produits du pillage affluent à Venise (dont les fameux chevaux de Saint-Marc). Venise est alors maîtresse du « quart et demi » de l'Empire byzantin défunt : elle est installée en Ionie, dans le Péloponnèse, en Crête, à Eubée ; par ses comptoirs en Asie Mineure et d'Égypte, elle s'impose aux portes de l'Orient.

Marco Polo (1254-1324) peut ainsi partir vers la Chine et éblouir l'Europe avec les récits de ses voyages. L'Arsenal devient le plus grand chantier naval d'Europe.

La monnaie – Pour mieux se distinguer, Venise adopte sa propre monnaie en 1284, avec la création du **ducat d'or** de même poids et de même titre que le florin de Florence.

En 1310, à la suite d'une tentative de renversement du Doge, le **Conseil des Dix** est créé, doté d'une police secrète et d'indicateurs.

Exploits militaires (14e-15e s.)

De la rivalité qui l'oppose à Gênes, jalouse de son hégémonie maritime, la République sort victorieuse en 1381. La 1re moitié du 15e s. est celle de l'**apogée** de la puissance vénitienne. Les Turcs sont battus à Gallipoli en 1416 et les Vénitiens tiennent en Orient les royaumes de Morée, de Chypre, de Candie. En Italie, ils s'emparent, entre 1414 et 1428, de Vérone, Vicence, Padoue, Udine, puis Brescia et Bergame. L'Adriatique est « *mare Veneziano* », de Corfou au Pô. Au moment de la paix de Lodi (1454), qui marque la fin de son affrontement avec la ville de Milan, Venise s'est rendue maître de Ravenne et son territoire s'étend jusqu'à l'Adda.

Venise en déclin

Contre les Turcs – La **prise de Constantinople** par les Turcs en 1453 annonce la décadence. La découverte de l'Amérique déplace les courants commerciaux, Venise est obligée de soutenir une lutte épuisante contre les Turcs.

Le début du 16e s. apporte dans la région un nouvel essor économique, même si Venise est affaiblie par la guerre. Le commerce des épices bat son plein, la ville développe les industries de la dentelle, de la céramique et l'orfèvrerie, les arts s'y épanouissent. La République, confrontée à des adversaires puissants va s'attacher à une politique de paix, même si elle doit en payer le prix.

Derniers éclats – La cité prendra sa revanche sur les Ottomans en 1571, en prenant une part décisive dans la bataille navale de **Lépante**.

La chute – Au 17e s., la décadence s'affirme après que les Turcs eurent conquis Candie (Crête), en 1669.

Au fil des décennies, la ville laisse échapper toutes ses vieilles conquêtes. Le commerce est en crise, comme l'agriculture et l'industrie. Malgré tout, Venise, en état de fête permanent connaît un premier « tourisme », qui devient la base de son économie.

Fin de la République

1797 marque la fin de la Sérénissime République : Napoléon pénètre à Venise et abolit une constitution vieille de dix siècles. Il signe le traité de **Campoformio** par lequel l'Autriche et la France se partagent ce qui reste de la Sérénissime : l'Autriche s'adjuge Venise, la Vénétie jusqu'à l'Adige, le Frioul, l'Istrie et la Dalmatie, la France s'empare de la côte d'Albanie et des îles de la mer Ionienne. Durant les années qui suivent, Venise s'enfonce dans la décadence. La situation économique ne s'améliore qu'à partir de 1839 avec la construction des digues nord et sud de Malamocco, et celle du pont ferroviaire reliant Venise à Mestre. Un peu plus tard, sont construits deux ponts en fer sur le Grand Canal, face à l'Accademia et à la gare.

Venise italienne

En 1866, à une écrasante majorité, la Vénétie plébiscite son rattachement à l'Italie dont elle suit désormais le destin, ce qui lui vaut d'être bombardée entre 1915 et 1918, puis occupée par les nazis à la chute de Mussolini, avec les conséquences que cela suppose pour les résistants et les Juifs du Ghetto. Au cours de ce même siècle, la cité subit une série de catastrophes : écroulement du campanile de Saint-Marc (1902), inondations (1916 et surtout 1966), incendie du théâtre de la Fenice (1996). Mais elle se relève toujours : en 1895 naît la première **Biennale internationale d'art**, en 1917 est créé le port industriel de Marghera, et en 1935, Venise se rattache au réseau routier de la terre ferme avec le Ponte Littorio. Désormais, la cité a pour principal souci la sauvegarde de son patrimoine, de son environnement, menacé par les industries polluantes, et, toujours, la menace des eaux *(voir p. 106-107)*.

Dates clés de l'histoire de Venise

421 – **Fondation** légendaire de Venise.
697 – Date traditionnellement attribuée à l'élection du premier *dux* (doge).
811-829 – Le déménagement du doge sur les îles Réaltines est suivi de l'**enlèvement du corps de saint Marc** et de la construction de la 1e basilique.
1000 – Soumission de la Dalmatie : « Noces de Venise avec la mer ».
1204 – La 4e croisade apporte gloire et fortune à la Sérénissime.
1454 – **Paix de Lodi** : apogée de la République.
1541 – La flotte vénitienne est présente à la **bataille de Lépante**.
1630 – Épidémie de **peste**.
1797 – Entrée de Bonaparte dans la ville : **fin de la République**.
1848 – Éphémère « République de Saint-Marc ».
1866 – **Rattachement à l'Italie**.
1895 – 1re Biennale d'art.
1932 – 1re édition de la Mostra, festival international du septième art.
1966 – Inondation catastrophique.
2004 – Nouvelle inauguration de la Fenice, huit ans après son incendie.
2008 – Inauguration du 4e pont, « della Costituzione », œuvre de Calatrava.
2012 – Venise accueille l'America's Cup, prestigieuse régate opposant les nations maritimes.

Peinture

De Paolo Veneziano à Titien, en passant par le Tintoret ou Giorgione, jusqu'à Canaletto, les grands peintres influencés par la lagune sont légion. Cette école de peinture se caractérise par la sensualité, le goût de la couleur et de la lumière dans un cadre empreint de poésie.

La peinture primitive

Dès le 13e s. les artistes travaillent **à fresque**, c'est-à-dire en appliquant les couleurs sur une couche de mortier frais à laquelle elles s'incorporent au moment du séchage. Peu d'entre elles ont été conservées. Les artistes vénitiens restent longtemps attachés aux thèmes byzantins, tels qu'ils sont traités sur les icônes de l'église orientale, où la Vierge à l'Enfant constitue la figure centrale : en témoigne le revêtement mural et la Pala d'Oro à Saint-Marc *(voir p. 57)*.
Paolo Veneziano, connu de 1333 à 1358, est le premier grand nom de la peinture vénitienne. Ses œuvres, qui se dégagent des canons byzantins (fonds dorés, visages mats, attitudes hiératiques), se distinguent par un raffinement décoratif, une préciosité du graphisme, et par une iconographie nouvelle qui emprunte ses thèmes à l'Occident.

Une pré-Renaissance

L'arrivée d'artistes toscans contribue à l'émergence dans la cité du « gothique international ». On assiste au milieu du 15e s. à un **nouvel art pictural**, avec les premiers essais de perspectives dans les représentations de dallages et de plafonds et l'apparition en arrière-plan d'un paysage ou d'une architecture.
Ce sont les **Vivarini** de Murano qui vont introduire à Venise un style annonçant la Renaissance : **Antonio** travaille en collaboration avec **Giovanni d'Alemagna**, tandis que son frère **Bartolomeo** est l'auteur du *Triptyque de Saint-Marc* dans l'église des Frari *(voir p. 72)*.

La Renaissance

L'école vénitienne – Avec un retard certain par rapport à la Toscane, il faut attendre la seconde moitié du 15e s. pour que s'épanouisse à Venise la représentation fidèle de la réalité dans ses volumes, ses perspectives et ses paysages, propre au style Renaissance. Cela tient précisément à une famille, les **Bellini**. Jacopo, le père (mort en 1470), et ses deux fils, Gentile, peintre officiel, et Giovanni, dégagent le style vénitien du byzantinisme et du gothique.
Mais le véritable fondateur de l'école vénitienne est **Giovanni Bellini** (1430-1516). Admirateur à la fois de la peinture florentine pour ses formes pures et idéalisées, et de la peinture flamande pour la lumière et le réalisme du dessin, il élabore un style riche de sentiment, caractérisé par des jeux de lumière, des coloris délicats et des formes élégantes. Son œuvre vit sous l'influence d'**Andrea Mantegna** (1431-1506), son maître

et beau-frère, qui s'est forgé un style puissant, rigoureux jusqu'à la froideur, hanté par le rendu perspectif et le souci du détail archéologique.

Peintres novateurs – En parallèle se développe l'œuvre de chroniqueur de **Vittore Carpaccio** (1455-1525), élève des Bellini, minutieux et imaginatif *(voir San Giorgio degli Schiavoni, p. 82)*, tandis que se distinguent l'humanisme et l'ésotérisme de **Giorgione**, véritable artiste moderne, aux tableaux poétiques et rêveurs. À côté, **Lorenzo Lotto** (1480-1556), originaire de Bergame, livre une esthétique très personnelle, inquiète et étrange, influencée par le réalisme de détail de Dürer et affectionnant les effets audacieux (*voir* Le Gentilhomme au lézard *à l'Accademia, p. 74*).

Un 16e s. éblouissant – La Renaissance s'achèvera en beauté, grâce à trois grands artistes : Tiziano Vecellio, dit **Titien** (vers 1490-1576), auteur de grands retables exécutés pour des églises *(voir* les Frari, *p. 72)*, préfère la couleur à la forme, juxtapose les coloris éclatants, crée des effets de halo. **Véronèse** (1528-1588) se veut un décorateur fastueux, ce dont San Sebastiano donne le plus bel exemple *(voir p. 80)*. Par la richesse de ses coloris et de ses matières, il traduit à merveille la splendeur de la Sérénissime ; enfin **le Tintoret** (1518-1594), visionnaire dont la technique, violente, rapide, reflète l'inquiétude intérieure, se met au service du mouvement, d'un sens de la dramaturgie (*voir la* Scuola di San Rocco, *p. 73*). À eux trois, ils donnent naissance au **maniérisme vénitien**, aux effets architecturaux accentués, aux couleurs chargées. Enfin, **Palma le Jeune** (1544-1628), dont les œuvres décorent presque toutes les églises de la cité, est particulièrement prolifique.

Le 18e s. : un nouvel élan

Si le 17e s. marque une pause dans le génie pictural, le 18e s. est celui du renouveau, avec notamment les **védutistes**, dont la peinture explore les « vues » sur Venise *(vedute)*. Les artistes captent la lumière gris bleuté, irisée, un peu voilée, de la ville : **Canaletto** (1697-1768) trouve son inspiration dans les paysages, décrit la cité avec minutie ; **Francesco Guardi** (1712-1793) peint par touches lumineuses, en précurseur des impressionnistes ; **Pietro Longhi** (1702-1758) aime les scènes intimes, délicates, un rien grotesques ; et **Giambattista Tiepolo** (1696-1770) s'impose en décorateur baroque virtuose, signe des compositions aériennes et lumineuses.

Le 19e s. et au-delà

Du 19e s. au début du 20e s., la peinture à Venise reste académique, gorgée de paysages, fidèle à la tradition védutiste. Pour autant, sous l'influence des grands courants artistiques européens du début du 20e s., se détachent **Zandomeneghi**, du groupe toscan des « Macchiaioli », **Boccioni**, dans un style proche de Signac, et **Casoroti**, peintre symboliste et portraitiste. Les peintres de l'**École de Burano** évoquent les îles de la lagune, en s'inspirant de Van Gogh, de Gauguin et de Cézanne, puis de Bonnard et Vuillard : parmi eux, Moggioli, Gino Rossi, Sibellato, Semeghini…

Littérature et musique

La littérature

Terre de prédilection, d'inspiration pour les écrivains, Venise est une muse qui influença l'Arétin et Goldoni, fascina nombre de fins lettrés étrangers, de Byron à Proust, de Hemingway à Thomas Mann.

Le 13e s. et Marco Polo – La littérature vénitienne ouvre son premier chapitre, il y a plus de sept siècles, à la toute fin du 13e s. avec les récits de voyage de « Messire **Marco Polo**, sage et noble citoyen de Venise ». Le *Livre des merveilles*, écrit en français, sera aussi publié en italien, sous le titre *Il Milione*, surnom de la famille Polo.

La Renaissance littéraire – Les 14e et 15e s. voient se distinguer peu de personnalités d'importance, sinon le prosateur **Pietro Bembo,** élevé contre la langue toscane de Dante, et l'éditeur audacieux **Alde Manuce**, qui imprime l'*Hipnerotomachia Poliphili (Songe de Poliphile)*, une œuvre pleine de verve écrite dans un mélange de vénitien et de latin haut en couleur, composée par un anonyme.

Au 16e s., un pamphlétaire à la plume aiguisée va bousculer la somnolence des lettres vénitiennes. D'origine toscane, **Pietro Aretino**, dit l'Arétin, use de manière vivante de la langue « vulgaire », mise au service d'une écriture tumultueuse encline à la raillerie et redoutée. Enveloppée dans l'effervescence de la Renaissance, sa production coïncide avec l'essor de l'édition à Venise, comptant alors plusieurs centaines d'imprimeurs, accompagné d'un engouement pour le théâtre et les comédies en dialecte. Il y a alors pléthore de spectacles, des produits « du cru » qui mettent en scène quelques personnages typiques et récurrents, tel **Arlequin**, qui remporte un franc succès.

Le 18e s. – Il enfante son plus illustre représentant : **Carlo Goldoni** (1707-1793), auteur notamment des pièces de théâtre *La Locanderia (La belle aubergiste), La Bottega del caffè (Le café)*, qui introduit dans la tradition populaire des comédies dialectales un esprit d'observation aigu. À côté, l'ère du libertinage n'est pas en reste, incarné par **Giacomo Casanova** (1725-1798), qui relate dans ses fameuses *Mémoires* son évasion de la prison des Plombs.

Venise, source d'inspiration – Tandis que le tourisme culturel s'installe, Venise se fait lieu de convergences pour nombre de grands auteurs dès la période romantique. Lord Byron, Stendhal, George Sand dans un premier temps, Henry James, John Ruskin et Proust à la suite, et plus tard **Thomas Mann**, livrant le fameux *Mort à Venise*, Hemingway qui possède son rond de serviette au Harry's Bar ou encore Thomas Bernhard, fidèle à l'hôtel du Palazzo Pitti, ouvert sur le Grand Canal. Près de nous s'inscrit aussi **Pier Maria Pasinetti** (1913-2006), qui décrit sa cité natale de l'intérieur avec amour et une acuité psychologique dans son œuvre romanesque.

La musique

La musique vénitienne

De la musique vocale sacrée au mélodrame, de l'opéra lyrique aux concertos, Venise entretient un rapport privilégié avec la musique, et Vivaldi en est le porte-drapeau.

Les débuts – C'est sans doute au **Flamand Andriaan Willaert** (vers 1490-1562), maître de chapelle à Saint-Marc, que l'on doit l'éclosion de l'inspiration musicale de Venise, que poursuit par la suite son élève **Andrea Gabrieli** (vers 1510-1586), puis le neveu de celui-ci, **Giovanni Gabrieli** (1557-1612). Le premier, organiste à la basilique Saint-Marc, est celui à qui l'on doit l'invention du terme « concert » (dès 1587), emprunté à l'un de ses titres. Le second, Giovanni, également organiste, embrasse les genres sacré, profane et instrumental.

Le style baroque – Il se révèle fécond sur la lagune, avec le mélodrame, inspiré des faits historiques et légendaires, où brillent **Francesco Cavalli** (1602-1676) et **Giovanni Legrenzi** (1626-1690). En 1637, s'ouvre la première salle d'opéra à Venise, le Théâtre San Cassiano.

L'âge d'or – Au siècle suivant, Venise se montre friande d'opéra bouffe, genre pourtant napolitain, représenté par Baldassare Galuppi et Giovanni Platti. Le clavecin est alors à son apogée quand **Bartolomeo Cristofori** (1655-1732) invente le *pianoforte*, l'ancêtre de notre piano. Parallèlement s'exprime **Tomaso Albinoni** (1671-1750) sur des pièces instrumentales, reprises par Bach. Il revient cependant à **Antonio Vivaldi** (1678-1741) d'incarner pour tous la musique vénitienne. Longtemps maître de violon et de viole à l'anglaise à l'Hôpital de la Piété (les hôpitaux étaient des institutions caritatives et des orphelinats qui servaient aussi de conservatoires), il est l'auteur de nombreux concertos, composés selon le schéma des trois mouvements *allegro-adagio-allegro*, qui connaissent un franc succès avec *La Notte* (*La Nuit*), *Le Chardonneret*, et plus encore avec *Les Quatre Saisons*.

L'après Vivaldi – Curieusement, le genre musical de Vivaldi marque la fin de l'apogée de la musique vénitienne. Il faut attendre le 20ᵉ s. pour voir se distinguer **Ermanno Wolf-Ferrari** (1879-1948), harmonisant les traditions vénitiennes et germaniques *(Le Donne curiose, Il Campiello, I quattro Rusteghi)*, et plus tard **Luigi Nono** (1924-1990), approfondissant le champ musical, donnant ses lettres de noblesse à la musique sérielle et électronique, tandis que **Giuseppe Sinopoli** (1946-2001) se fait le chantre du répertoire malhérien.

Vénitiens d'adoption

Maître de chapelle à Saint-Marc, **Claudio Monteverdi** (1567-1643) passa les trente dernières années de sa vie à Venise, et est enseveli dans l'église des Frari. **Igor Stravinski** (1882-1971) repose quant à lui dans le cimetière de l'île San Michele. Mais c'est sans doute **Richard Wagner** (1813-1883) qui fut le plus attaché à Venise. Il finit par y mourir, au palais Vendramin-Calergi.

Gastronomie

Carrefour d'échanges avec l'Orient, courtisée par la mer, Venise se caractérise par une cuisine variée, enrichie au cours des siècles de fragrances exotiques qui se sont intégrées aux saveurs du terroir. Rien de tout cela ne s'est perdu, et le dicton affirmant que si un mets « *no la ga né amor né saòr* » (est cuisiné sans amour ni condiments), il n'a aucun goût, est plus que jamais d'actualité.

La cuisine

Entre mer et terre

La variété et le contraste de la cuisine vénitienne ont pris racine dans l'histoire de la cité des Doges : la gastronomie raffinée, héritée d'un passé aristocratique côtoie de solides traditions paysannes chaque jour renouvelées par les ingrédients que l'arrière-pays fournit depuis toujours.
C'est la **cuisine de la mer** qui prévaut à Venise et, dès les traditionnels hors-d'œuvre *(antipasti)*, on peut goûter à une multitude de mollusques et de crustacés tels que moules, praires, bulots, coquilles Saint-Jacques *(capesante)*, langoustines, au milieu desquels trônent les araignées de mer et les tourteaux. On n'aura garde d'oublier les préparations au vinaigre, si caractéristiques de la gastronomie lagunaire, dont le *saòr* (marinade), qui agrémente le plus souvent les sardines *(sarde)* est l'une des nombreuses variantes. Version locale de la brandade de morue, le *bacalà mantecà* gagne sa consistance crémeuse grâce à un long travail du *stoccafisso* (*stockfish* ou morue séchée) avec de l'huile, de l'ail et du persil haché.
Quant à la **cuisine du terroir** que l'on appelle « pauvre », elle est en réalité riche de saveurs variées. Il suffit pour s'en convaincre de goûter la *panàda venexiàna*, une soupe à base de pain, d'ail, d'huile, de laurier et de parmesan râpé ou la *pastissàda*, mélange de légumes, de fromage, de charcuterie et de pâtes, souvent « lié » par de la *polenta* (bouillie de semoule ou de farine de maïs), façon fort répandue d'accommoder les restes.
Si l'afflux des touristes a fait prospérer une restauration médiocre tentant d'aguicher le client à grand renfort de « menus touristiques » anonymes, il reste de belles habitudes conviviales : un *òmbra* (un verre de vin) et un *cichèto* (amuse-gueule), savourés dans un **bàcaro** (bar à vins), témoignent d'un **art de vivre** cher aux Vénitiens.

Le déroulement du repas

Apéritif – Avant de commencer leur repas, les Vénitiens aiment à siroter un **Spritz**, mélange de *prosecco* (vin blanc) et d'Aperol (doux) ou de Campari (amer) ou un **Bellini**, délicat mélange de vin blanc pétillant et de jus de pêche blanche.
Les primi (littéralement : premier plat d'un repas) – Ils sont traditionnellement à base de pâtes, comme les *bìgoi in*

salsa (spaghetti rustiques, longs et épais, assaisonnés d'anchois revenus avec des oignons), très appréciés des Vénitiens, de même que les spaghetti à l'encre de seiche. Mais vous pouvez également déguster des *risotti* (plats à base de riz), cuisinés à la viande ou aux légumes ou, plus généralement, au poisson.

Les secondi (plat principal) – En vedette, les poissons de l'Adriatique (et notamment le bar, ou *branzino*), sont cuisinés au gril, parfois en croûte de sel, et s'accompagnent, au printemps, de *castraùre* (artichauts de première floraison que l'on sert en friture) ; les anguilles de la lagune – *bisàti* –, cuites sur la pierre ou en sauce, sont également à l'honneur. Tentez aussi les *sepias,* préparées dans leur encre *(seppe in nere)* accompagnées de *polenta*.

Mais les Vénitiens abandonnent volontiers le poisson pour le **figà a la venexiàna**, foie de veau coupé en très fines tranches (de 3 à 4 mm d'épaisseur) et cuit à feu doux à l'étouffée avec des oignons émincés. Né à Venise, ce délice local a fait le tour du monde.

Les Dolci – Parmi les **desserts** vénitiens, il faut citer les *baìcoli*, biscuits que l'on trempe dans du chocolat ou du vin de dessert, les *bussolài*, biscuits aux œufs, en forme de couronne ou de S (ils prennent alors le nom de *esse buranèi* : « S de Burano ») ou la *Veneziana*, brioche recouverte d'amandes hachées et de sucre cristallisé. Pendant le Carnaval, sont prisés les *fritole*, beignets aux pignons de pin et aux raisins secs, et les *cròstoi*, dont le nom signifie « bavardages » ! Enfin, lors de l'Épiphanie, on sert la *pìnsa*, galette à base de farine, de graines de fenouil, de raisins secs, de figues séchées et de fruits confits.

Les vins – Une fois à table, comme les Vénitiens, vous boirez volontiers du **Soave** et du **Cabernet du Frioul**. Si vous aimez les vins de dessert, vous disposez du **Verduzzo di Ramandolo**, du **Tocolàto di Bregànze** ou du **Reciòto**.

Et pour terminer un repas aussi fastueux, rien de tel qu'un **sgropìn**, sorbet de citron à la vodka et au *prosecco*.

Étoiles...

Reflet, miroir ou comme en écho de son riche terroir, Venise possède deux restaurants auréolés d'étoiles au Guide Michelin Italie. En tête de liste figure la **table de l'hôtel Metropole, le Met** *(voir Nos adresses p. 28),* sur la riva degli Schiavoni, dans le quartier de Castello. Restaurant à l'atmosphère romantique, il se distingue par des produits transcendés, une technique et une créativité de haute voltige. Non moins savoureux est l'**Osteria da Fiore** *(voir Nos adresses p. 25),* calle del Scaleter, dans San Polo, ouvert sur un canal. Maria Zanetti tient ici un établissement élégant, avec ses tissus damassés et propose une cuisine régionale joliment présentée, à base de poisson. En voici un aperçu : pâtes gratinées aux crevettes et salade rouge, sole à la tomate caramélisée...

Carnaval et autres fêtes

Le Carnaval de Venise

Sa réputation n'est plus à faire, lorsque la ville s'embrase le temps d'une décade **en février**, durant laquelle les Vénitiens cèdent à la fantaisie débridée de la mascarade et du costume. Cet événement majeur de la cité des Doges possède sa petite histoire.

Une fête de plusieurs mois

Au 18e s., le **port du masque** est « toléré » pendant la période du Carnaval, qui commence alors début octobre à l'ouverture de la saison théâtrale et se poursuit, avec une interruption autour de Noël, jusqu'au mardi précédant le carême. Il n'est pas rare non plus de se promener en portant la **baùta**, cette petite cape noire pourvue d'un capuchon et d'un masque. Et à mesure que décline la puissance de Venise, les plaisirs prennent une place grandissante dans la vie de la cité, jusqu'à la chute de la Sérénissime.

Fin et retour du Carnaval

Futilités masquées et autres plaisirs insouciants s'éteignent au cours d'un 19e s. marqué par le traumatisme des occupations étrangères. Ce n'est que dans les années 1980 que sont exhumés avec faste les plaisirs du Carnaval après presque deux siècles d'éclipse.
Masques et déguisements sont alors de rigueur. Qu'il s'agisse de la *baùta* ou du **tabàrro** (la grande cape), du **tricorne** ou bien du long masque orné d'un bec que portaient autrefois les médecins lors des épidémies de peste, la règle du jeu reste la même : ne pas chercher à percer l'identité de son interlocuteur.

D'une festivité à l'autre

Outre le Carnaval, la ville décline plusieurs fêtes grandioses et spectaculaires, au long de l'année.
En janvier – L'**Épiphanie** est l'occasion d'une régate sur le Grand Canal qui met aux prises des hommes d'âge mûr, déguisés en *befana*, c'est-à-dire en vieilles femmes qui apportent des cadeaux aux enfants cette nuit-là.
En avril – Saint Marc est célébré le même jour que l'Indépendance italienne (le 25).
En juin – « Marathon » nautique de la Vogalonga ; commémoration des noces de Venise avec la mer ; fête de San Pietro in Castello (dégustation de vins et de plats typiques).
En juillet – Pour la **fête du Rédempteur**, un pont de bateaux traverse le canal de la Giudecca, permettant une procession, précédée, la veille au soir, par un feu d'artifice *(voir p. 96)*.
En septembre – Après un défilé traditionnel, la **Régate historique** oppose diverses embarcations sur le Grand Canal.
En novembre – Depuis plus de trois siècles, la **fête de la Madonna della Salute** célèbre la fin de l'épidémie de peste de 1630. Un pont de bateaux

traverse le Grand Canal pour gagner la basilique et permettre une procession dans un joyeux climat de fête populaire.

La Biennale, au coeur de l'art contemporain

Devenue fondation en 2004, la Biennale de Venise, dont le siège social se trouve à Ca'Giustinian, n'en finit pas d'innover. En 2013 se tient la 55e **Exposition internationale d'Art visuel**, sous la direction artistique de Massimiliano Gioni, reconnu pour le succès de ses expositions, critique d'art novateur et ouvert, proche de l'artiste Maurizio Cattelan. La 13e **Biennale d'architecture** en 2012 a été dirigée par David Chipperfield sur le thème *Common Ground* : depuis plusieurs années, le monde de l'architecture cherche à replacer l'homme et l'environnement au centre de la réflexion sur la création et à repenser le rapport entre société et production architecturale.

La **Biennale de la musique** est orchestrée par Ivan Fedele et, pour sa 56e édition en 2012, le compositeur et chef d'orchestre français Pierre Boulez a été honoré du Lion d'or de la carrière. En danse, c'est la française Sylvie Guillem qui a été récompensée. Les **Biennales de danse et de théâtre** s'accompagnent désormais d'ateliers et conférences, créant une dynamique de recherche et d'expérimentation impliquant de jeunes artistes. Le Lion d'or 2012 est allé au metteur en scène Luca Ronconi qui rejoint ainsi Ariane Mnouchkine (2007), Roger Assaf (2008) et Thomas Ostermeier (2011) au tableau des honorés. En 2011, un Lion d'argent a été créé pour valoriser des réalisation théâtrales originales (collectif Rimini Protokoll).
Si elle a lieu tous les ans à la fin de l'été (fin août/début septembre), la **Mostra** relève également de la Biennale, dont les organisateurs eurent l'idée de créer un festival de cinéma, dès 1932.
En 2012, la 69e édition du Festival du film de Venise (*voir aussi l'encadré, p. 100*) a récompensé le scénariste et metteur en scène italien Francesco Rossi pour l'ensemble de sa carrière. Pour se distinguer de la concurrence (représenté notamment par le printanier festival de Cannes, fondé en 1946 seulement), la nécessité d'innover est constante : De nouvelles règles limitent le nombre de films en compétition (en 2012, 18 films étaient en lice pour le Lion d'or), et cherchent à vitaliser l'industrie du cinéma en instituant en parallèle un marché du film. Les internautes sont même sollicités pour sélectionner les courts-métrages nominés pour le prix Jeune scénariste.
www.biennale.org.

En « venexiàn » dans le texte

Venise possède une musique bien à elle : son dialecte. Des propos que l'on échange dans les boutiques ou le long des *calli* et des *campi*, aux enseignes des commerçants ou même dans la toponymie de la ville, le dialecte vénitien est omniprésent. Pour mieux savourer cette « Venise des Vénitiens », voici quelques mots couramment utilisés dans la cité des Doges…

Anguèle – Petits poissons de la lagune utilisés pour les petites fritures. Ne pas confondre avec l'anguille qui, ici, se dit *bisàto*.

Arsenalotti – Charpentiers d'élite de l'Arsenal, auteurs des charpentes en carène renversée de nombre d'églises de la ville.

Bacalà mantecà – La version vénitienne de la brandade de morue.

Bàcaro – C'est le « bistrot » vénitien où l'on se retrouve, dès les premières heures de la matinée, pour déguster un *cichèto* arrosé d'une *òmbra*.

Barèna – Bande de terre couverte de végétation qui émerge de la lagune (bancs de sable, pré salé).

Beccarìa (pl. : beccarie) – Boucherie (le boucher se dit *bechèr*).

Bìgoi – Spaghettis à base de farine complète, généralement indiqués sur les cartes sous le nom de *bìgoi in salsa*, c'est-à-dire assaisonnés d'un hachis d'anchois et d'oignons sauté à l'huile.

Bòvolo – Spirale. Désigne les escargots, un pain… et un escalier célèbre.

Brìcola – « Duc-d'albe », gros pieu de bois qui, joint à d'autres, délimite les canaux navigables et sert à l'amarrage des embarcations.

Càlle (pl. : càlli) – Rue.

Càmpo – Littéralement « champ », le mot désigne à Venise une place, généralement dotée d'une église et d'un puits ; seule la place Saint-Marc a droit au terme de piazza. Un petit *campo* est appelé *campièllo*.

Cichèto – C'est l'amuse-gueule par excellence, l'équivalent des tapas espagnoles. Il peut s'agir d'un petit morceau de *bacalà*, de *sàrde in saòr*, d'une boulette de viande, d'une grosse olive farcie et panée… L'imagination des Vénitiens est ici sans limite !

Corte – Cour publique. La cour intérieure d'un palais est, quant à elle, nommée *cortile*.

Fèlze – Petite cabine amovible, installée autrefois sur les gondoles, destinée à protéger les occupants des intempéries… ou des regards indiscrets.

Ferro – Fer de proue de la gondole.

Figà a la venexiàna – Foie de veau cuit à l'étuvée avec des oignons émincés et servi en fines tranches.

Fondaménta – Quai longeant un *rio* ou un canal, et servant de fondation aux édifices.

Fòntego (ou Fòndaco) – De l'arabe *fondouk*, édifice servant à la fois d'entrepôt et de résidence aux négociants étrangers.

Fornèr – Nom de nombre de *calli*, signalant la présence sur les lieux d'un four à pain.
Lista – Désignait jadis la portion de rue située devant le palais d'une ambassade. Cet espace protégé par l'immunité diplomatique était délimité par des pierres blanches, les *liste*.
Paline – Pieux d'amarrage souvent peints de bandes de couleurs vives.
Parrocchia – À Venise, la paroisse, subdivision à l'intérieur des *sestieri*, constitue un point de repère fondamental.
Pescherìa – Marché aux poissons. Vous y trouverez *aciughète* (anchois), *barbòn* (rouget barbet), *branzino* (bar), *oradèlla* (daurade), *passarin* (solette) ou *ròspo* (baudroie), sans oublier le *bacalà* (morue séchée) et les fruits de mer.
Piovàn – Curé. Encore un mot récurrent de la toponymie locale.
Piscina – Désigne des anciens étangs aujourd'hui asséchés.
Pistòr – Désignait jadis le boulanger… et aujourd'hui plus d'une *calle*…
Ramo – Calle secondaire.
Rio (pl : rii) – Désigne l'essentiel des canaux qui sillonnent Venise. Le terme de *canale* est réservé aux grandes voies navigables : canal de la Giudecca, de Cannaregio et bien sûr Grand Canal.
Rio Terrà (ou *terà*) – Rue aménagée à l'emplacement d'un ancien *rio* comblé.
Ruga – Du français rue, désigne une voie bordée de boutiques.
Salizzada (ou salizata) – De *salizo*, mot vénitien signifiant pavé, le terme désigne donc une rue pavée.
Sanguèto – Sang de porc aromatisé aux oignons et correspondant (à peu près) au boudin.
Scuola (pl. : Scuole) – « Collèges », organes d'entraide réunissant des corporations ou des nationalités, particulièrement nombreux à Venise. Les collèges à vocation essentiellement religieuse recevaient le titre de collèges majeurs *(Scuole grande)*.
Sestiere (pl. : sestieri) – Quartiers de Venise. Ils sont au nombre de six : San Marco, Castello, Cannaregio, Santa Croce, San Polo et Dorsoduro, ce dernier comprenant l'île de la Giudecca.
Sottopòrtego – Passage couvert aménagé sous des édifices.
Squèro – Chantier où l'on construit et répare les gondoles.
Toletta – Passerelles de bois aujourd'hui remplacées par des ponts.
Traghetto – Gondole assurant la traversée du Grand Canal et visant à pallier la rareté des ponts. Attention ! Le Vénitien de pure souche met un point d'honneur à rester debout, compensant les mouvements parfois désordonnés de l'embarcation par une simple flexion du genou.
Zattere – Le nom de ces *fondamente* bordant le canal de la Giudecca évoque les radeaux chargés de bois qui y faisaient jadis escale.

A

B

C

T

U–V

W–Z

Collection sous la responsabilité d'Anne Teffo

Édition Irène Lainey, Hélène Bouchoucha

Rédaction Lucie Dejouhanet, Erica Zane, Pierre Plantier, Jean-Claude Renard, Thérèse Rocher, Nadia Bosquès

Cartographie Stéphane Anton, Michèle Cana, Isabelle Delouvy, Géraldine Deplante, Cristina Ferecatu
Plans de villes réalisés d'après les données TeleAtlas. © TeleAtlas 2012

Conception graphique Laurent Muller (couverture et maquette intérieure)

Régie publicitaire et partenariats michelin-cartesetguides-btob@fr.michelin.com
Le contenu des pages de publicité insérées dans ce guide n'engage que la responsabilité des annonceurs.

Remerciements Didier Broussard, Pascale Pichonnat (iconographie), Hervé Dubois

Contacts Michelin
Guides Touristiques
27 cours de l'Ile Seguin, 92100 Boulogne Billancourt
Service consommateurs : tourisme@tp.michelin.com
Boutique en ligne : www.michelin-boutique.com

Parution 2013

Michelin Travel Partner
Société par actions simplifiées au capital de 11 629 590 EUR
27 Cours de l'Ile Seguin - 92100 Boulogne Billancourt (France)
R.C.S. Nanterre 433 677 721

Dépôt légal : 09-2012 – ISSN 0293-9436
Compograveur : Michelin, Boulogne Billancourt
Imprimeur : IME, Baume-les-Dames
Imprimé en France : 05-2013

Usine certifiée 14001
Sur du papier issu de forêts gérées durablement (100% PEFC)